Transformational
Leaders
in EUROPE

유럽의
변혁적
리더들

Transformational
Leaders
in EUROPE

유럽의
변혁적
리더들

안병억 외 지음

인간사랑

책머리에

리더십이 모든 것을 해결해줄 수 있을까? 그렇지는 않을 것이다. 하지만 리더가 국가정책의 우선순위를 잡고 이해 당사자들을 설득하여 중지를 모으고 원칙을 지키면서 실천하면 국민의 삶에 큰 영향을 끼칠 수 있다. 광복 70년 동안 우리는 많은 지도자들을 직간접으로 경험했고 이들의 리더십을 서로 비교해보면서 장단점이 확연하게 드러났다. 그리고 주권을 가진 국민이지만 거의 유일하게 주인 행세를 하는 선거일을 기다리게 된다. 쓸 만한 지도자를 뽑아 그래도 생활이 좀 나아지고 조금이나마 행복하게 살 수 있기를 바라면서.

2014년 세월호 참사, 2015년 중동호흡기증후군(Mers)을 겪으면서 많은 사람들이 리더십을 묻고 또 물었다. '유럽'을 공부한 5명의 필자들은 유럽의 리더들을 점검해 보면서 이들의 장단점을 파헤쳐 보기로 했다.

유럽의 지도자들을 다루었지만 모든 국가의 지도자들을 다 점검할 수 없어 유럽의 주요 4개국인 영국과 독일, 프랑스, 이탈리아,

그리고 북유럽의 대표적인 나라로 스웨덴의 리더를 선별했다. 여기 수록한 이들의 활동 시기도 다양하다. 스웨덴의 페르 알빈 한손(Per Albin Hansson, 사회민주당) 총리는 주로 1920년대 말~1940년대에 활동했다. 이탈리아의 알치데 데 가스페리(Alcide De Gasperi) 총리는 제2차 세계대전 종전 후부터 1950년대, 프랑스의 샤를 드골(Charles de Gaulle) 대통령은 1960년대, 서독의 빌리 브란트(Willy Brandt) 총리는 1970년대, 영국의 마거릿 대처(Margaret Thatcher) 총리는 1980년대에 지도자로 있었다.

글의 순서는 위기의 리더십에 초점을 두어 마거릿 대처(국가와 시장 간의 긴장관계를 조정한 시기), 빌리 브란트(서독의 친서방정책의 한계를 극복), 샤를 드골(위대한 국가 프랑스의 위기), 알치데 데 가스페리(제2차 세계대전 후 신생 이탈리아의 나아갈 방향을 설정), 페르 알빈 한손(스웨덴 복지국가의 기틀을 마련)으로 배치했다.

2016년부터 또다시 선거철이 시작되었다. 올해 4월 총선이 있었고 2017년 12월에는 대선이 치러진다. 선거철마다 많은 사람들은 최선이나 차선이 아닌 차악을 선택하는 경우가 종종 있다. 이 글이 리더십의 다양한 면모를 보여줘 우리 사회를 이끌어갈 리더들을 제대로 선택하는데 조금이라도 도움이 되기를 바란다.

짧은 일정임에도 글을 써준 네 분 필자들에게 고마움을 전한다.

2016년 5월
때 이른 여름 날씨에 대구대학교 경산 캠퍼스에서
공저자를 대표하여 안병억

contents

1장
바보야! 문제는 리더십이야

리더십처럼 흔히 사용되지만 명확하게 설명하기가 쉽지 않은 용어는 많지 않을 것이다. '리더십 부족,' '리더십을 보여주었다,' '리더십이 무엇인지도 모르는 사람이다'와 같은 표현은 일상생활에서도 자주 회자된다. 2014년 7월 30일에 개봉되어 1천 7백여만 명의 관객을 동원한 영화《명량》은 제대로 된 리더십에 목말라 하던 사람들의 갈증을 풀어 주었다. 절체절명의 위기 속에서 충무공은 절망하지 않고 부하들을 다독이고 앞장을 서서 10배가 훨씬 넘는 왜적을 물리쳤다. 1592년 임진왜란 발발부터 한 번도 전투에서 패배한 적이 없었던 그는 왜군의 해상로를 철통같이 봉쇄해 이들의 진격을 저지했고 백성들에게 희망을 주었다. 그러나 그는 1597년 정유재란이 발발한 직후 군령을 어겼다는 이유로 체포되어 모진 고문을 받았다. 원망도 했을 터이고 심신이 극도로 지쳤지만 그는 쓰러지지 않았다. 정유재란의 첫 해상전투에서 원균이 이끄는 조선 해군은 칠천량 전투에서 처참하게 졌다. 충무공은 겨우 남아있던 12척을 다시 정비하고 병사를 끌어모아 '울돌목' 전투에 나섰다. 그때가 음력 9월 16일, 매우 쌀쌀한 늦가을의 날씨. 이순신이 탄 대장선은 최소한 30분에서 1시간 정도 적선에 포위되어 한 치도 물러섬이 없이 혼자 싸웠다. 칠천량에서 왜군에 맥없이 당했던 휘하의 장수들은 3∼4백 미터 멀찌감치 물러나 겁에 질린 채 수수방관하고 있었다. 대장선이 일본 함대에 겹겹이 둘러싸여 끄떡없이 버티는 것을 본 장수들은 그제야 전투에 합류하기 시작했다. 그날의 승리는 분명히 '울독목'의 조류가 전투의 결정적인 순간에 조선 수군에게 유리하게 순류로 바뀌었던 점도 작용했다. 그러나 최악의 위기 순간에 치밀한 전략을 세워 앞장서 싸우는 모범을 보였고 부하들을 통솔한 충무공의 리더십이 승리의 결정적인 이유였다.

하지만 우리는 어떤가? 2014년 4월 16일 세월호 참사, 2015년 5월말부터 2달 여 간 계속된 중동호흡기증후군(Mers)에서 많은 사람들이 국가는 어디 있는가? 라고 소리쳐 불렀다. 위기 때 리더십의 진면목을 볼 수 있고 훌륭한 리더는 위기를 기회로 바꾸어 지지 기반을 굳건하게 하고 역사에 족적을 남긴다. 그렇지만 위의 두 위기 때

대한민국에서 리더십은 거의 보이지 않았다.

그렇다면 리더가 시대를 만드는가, 아니면 시대가 리더를 만들까? 어느 것이 먼저라 할 것 없이 두 개가 서로 맞물려 영향을 주고받는다. 지도자는 시대(적 배경)라는 거대한 틀 안에서 활동하면서 리더십을 발휘해야 한다. 그리고 리더의 활동 여부에 따라 시대에 영향을 미쳐 상황을 변화시킬 수 있다. 고 김대중 대통령 재임 시절 우리 정부는 햇볕정책을 실시했다. 이 정책은 퍼주기, 북한을 변화시키지 못하고 북한의 핵무기 개발을 도운 정책이라는 비판을 끊임없이 받았다. 남북관계는 분단을 유지하고 관리해야 하지만 분단을 변화시켜 극복해야 한다는 모순적 성격을 지닌다. 이 정책 이전의 대북정책이 주로 북한을 고립시키고 봉쇄하는 전략이었다면 햇볕정책은 북한을 국제사회로 나오게 해서 대화와 접촉을 유지해 북한을 변화시키려 했다. 햇볕정책은 해방 이후 거의 50여 년간 유지해왔던 대북정책의 근본적인 틀을 변화시킨 정책이다. 한국전쟁 후 우리 대통령들은 분단이라는 거대한 틀 안에 갇혀있었지만 고 김대중 대통령은 이러한 질곡 속에서도 틀을 좀 더 완화시키려 했다. 고 김대중 대통령과 고 노무현 대통령 시기의 대북관계와 이명박 전 대통령, 현 정부의 대북정책을 비교해보면 이런 차이점을 이해할 수 있다. 이처럼 리더십은 발휘 여부에 따라 시대라는 거대한 틀에 변화를 줄 수 있다.

학자들은 리더십을 크게 변혁적 리더십(transforming leadership)과 거래적 리더십(transactional leadership)으로 구분한다. 미국의 정치학자 제임스 맥그리거 번스(James MacGregor Burns)가 분류했고 이어 여러 학자들이 이런 유형에 따라 리더십을 분석했다. 변혁적 리더십은 상황 또는 구조 자체를 본질적으로 변화시킨다. 반면에 거래적 리더십은 보상, 처벌 그리고 이기심을 주로 활용하며 상황이나 구조를 변화시키지는 않는다. 변혁적 리더는 구성원들의 낮은 수준의 욕구(생존과 안전)를 한 단계 끌어 올려 자아실현의 욕구와 같은 고차원의 욕구로 이동하게 이끈다. 또한 조직의 비전을 제시하며 구성원들과 효과적으로 소통한다. 미국의 철학자 시드니 훅(Sindney Hook)이 '사건(event)에 묻혀 사는 사람'(거래적 리더십)과 '사건을 만드는 사람'(변혁적 리더십)을 구분한 것도 리더십의 이런 두 가지 분류와 유사하다. 두 리더십의 유형은 서로 대조되며 특정 리더가 상황에 따라 어떤 때에는 변혁적 리더가 되기도 하고, 어떤 때에는 거래적 리더의 모습을 보이기도 한다. 미국의 프랭클린 루스벨트(Franklin D. Roosevelt, 약칭 FDR, 대통령 재직: 1932년 3월~1945년 4월)의 예를 보자. 1930년대 대공황의 와중에 대통령에 취임한 그는 실업자 구제를 위해 대규모 인프라 공사를 시행했고 최저 임금제를 도입했다. 그의 뉴딜정책은 국가와 시장 간의 관계를 크게 변화시켰고 미국 경제의 기틀을 마련했다. 외교정책에서도 그는 이전 공화당 정부의 고립주의를 탈피하여 제2차 세계대전에 참전했고 국제연합(UN)의 창설에 주도적인 역할을 수행했다. 그러나 1929년에서 1932년 사이에 뉴욕 주지사로 근무할 때 FDR은 거래적 리더였다.

이 책에 실린 리더들도 위의 기준에 따라 분류할 수 있다. 스웨덴의 페르 알빈 한손(Per Albin Hansson, 사회민주당) 총리는 1928년 정부 수반이 되었다. 한손은 이상적 사회는 '인민의 가정'(Folkhemmet)

이며 좋은 가정에서 그 어떤 자녀도 무관심 속에 방치되는 일이 없는 것처럼 사회도 모든 인민의 평등을 보장하고 취약계층을 보호하고 돌봐야 한다는 복지국가의 철학과 비전을 제시하여 실천했다. 그는 사회민주의적인 복지국가를 건설했고 제2차 세계대전 후 사회민주당 장기 집권의 기초를 다졌다. 분단국가 독일에서 나치에 저항하여 싸웠지만 사생아라는 인신공격을 끊임없이 당하고 소련 및 동구권과의 관계를 개선한 동방정책으로 독일의 옛 땅을 팔아버렸다는 온갖 비난에 시달린 빌리 브란트(Willy Brandt) 서독 총리도 한손과 함께 변혁적 리더의 본보기이다. 브란트는 미국 및 서유럽에 치중되었던 독일의 외교지평을 동구권으로 확대했고 독일을 평화의 나라로 브랜딩하고 분단을 극복하고자 했다. 접근을 통한 변화(*Wandel durch Annäherung*)를 기조로 하는 그의 동방정책은 동독과의 지속적인 교류를 가능하게 했고 결국 독일 통일에 기여했다. "우리 모두는 드골주의자였고, 드골주의자이고, 드골주의자일 것이다"라는 말처럼 프랑스의 샤를 드골 (Charles de Gaulle) 대통령도 프랑스 외교의 틀을 변화시켰고 실천했다. 제2차 세계대전 후 미소 강대국의 틈바구니에서 프랑스와 같은 중견국은 사실상 외교정책의 공간이 매우 협소했었다. 그러나 그는 제2차 세계대전 당시 소련과 긴밀하게 접촉하여 외교정책의 공간을 확대했고 1964년 1월 서방국가 가운데 처음으로 중국과 수교했다. 그의 드골주의는 보수당이나 사회당을 불문하고 프랑스의 대통령이면 누구나 수용하는 외교정책의 틀이 되었다. 영국의 마거릿 대처(Margaret Thatcher) 총리는 국가와 시장 간의 관계를 시장 위주로 바꾼 지도자라는 평가를 받는다. 국가의 개입을 최소화하고 세금을 내려 기업과 근로자들의 의욕을 높이고, 공기업을 민영화하는 신자유주의 정책을 과감하게 실행했다. 그러나 그의 정책은 결과적으로 소득 불평등을 더욱 심화시켰고 영국 안에서 가진 자와 가지지 못한 자의 간극을 더 넓혔다. 이 때문에 그는 변혁적 리더와 거래적 리더의 양면을 모두 보여준 지도자로 볼 수 있다. 알치데 데 가스페리(Alcide de Gasperi)는 제2차 세계대전 후 1945년부터 8년 간 이탈리아 총리를 역임했다. 종전 후 이탈리아는 왕정에서 공화정으로 정체를 바꾸었다. 그는 피폐해진 경제에다 파시즘이라는 낙인으로 국제사회에서 표류하던 조국 이탈리아를 구원의 길로 인도했던 정치인이었다. 가스페리는 미국과의 관계를 무엇보다 중시한 대서양주의자(Atlanticist)였다. 제2차 세계대전 당시 이탈리아의 공산당은 파시즘과의 항쟁에 적극적으로 참여해 전후 정권에서도 대중의 지지를 받는 정당이었다. 이런 점을 잘 알고 있던 가스페리는 공산당을 적대적인 파트너로 유용하게 활용했다. 1950년대 초미국은 냉전이 격화되던 시기에 가스페리에게 공산당의 재산을 몰수하고 제거하라고 강력하게 요구했으나 그는 이를 따르지 않았다. 공산당 카드를 무기로 미국의 일방적인 요구를 거부하면서 미국의 관심과 지원을 확보하는 아주 명민한 전략을 구사했다. 이탈리아는 피렌체와 밀라노처럼 잘 사는 북부와 못 사는 남부(나폴리와 시칠리아 등)로 지역적 격차가 컸다. 그는 미국의 대규모 지원을 받아 남부의 낙후 지역 개발도 적극 추진하여 격차 완화에 성공했다. 수백 년 간 계속된 이탈리아의 지역 격차 문제를 단번에 해결하지는 못했지만 그래도 남부를 살 수 있는 곳으로 바꾸어 놓았다. "정치는 나의 사명이다"라는 좌우명처럼 그는 주어진 운명을 바꾸는 수단으로 정치를 사유하고 실천했다. 그의 시야는 비단 이탈리아에 국한되지 않았다. 가스페리는 민족주의를 극복하는 방법으로서 초국가적 통합의 필요성을 자각하고 유럽 통합의 기초를 닦는데 기여했다. 서유럽에서 통합의 첫 걸음인 유럽석탄철강공동체 창설에 그는 적극 나섰고 이탈리아에 통합의 DNA를 심어 놓았다. 변혁적 리더십을 잘 보여 준 인물이다.

1992년 당시 민주당 대선 후보로 나선 촌뜨기 주지사 빌 클린턴(Bill Clinton)은 "바보야, 문제는 경제야"(it's the economy, stupid)라는 구호로 대선전의 프레임에서 기선을 잡았다. 대선에서 격돌했던 조지 부시(George H. W. Bush) 당시 대통령은(공화당) 노련한 외교정책 결정자임을 강조했다. 전임자 로널드 레이건 재임 당시 부통령으로 근무했고 이전에는 중앙정보부(CIA) 국장을 지냈던 그였기에 아칸소 주지사가 외교정책에 문외한임을 집중적으로 부각시키는 전략을 썼다. 하지만 클린턴 후보의 프레임이 매우 효과적이었다. 냉전도 끝난 마당에 미국인들은 경제 회생과 일자리 창출을 공약한 젊은 클린턴을 대통령으로 뽑았다.

리더는 시대라는 거대한 틀을 벗어나 진공 속에서 활동할 수 없다. 지도자는 항상 시대의 틀에 갇혀있지만 리더십을 발휘하여 옥죄는 틀을 조금이라도 변화시킬 수 있다. 자유민주주의 국가에서 시민들은 선거에서 표를 던져 리더들에게 상당한 정책 권한을 위임한다. 리더들의 정책 여하에 따라 시민들의 삶은 큰 영향을 받고 시민들은 지도자를 여러 가지 기준으로 비교 평가하게 된다. 광복 70주년인

2015년 을미년, 우리는 전혀 예상하지 못했던 각종 참사를 겪고 리더십이 무엇인가 계속하여 고민해 왔다. 그리고 2016년 4·13 총선에서 민의를 확인했다. '바보야, 문제는 리더십이야'는 리더가 전지전능한 신임을 말하는 게 아니다. 단지 이 표어는 국내외의 제약된 조건에서 리더십을 발휘하는 방식에 따라 우리의 삶이 변화될 수 있음을 보여준다.

❀ 참고문헌

이민웅. 『이순신 평전』(서울: 책문, 2012).

이순신. 허경진 옮김. 『난중일기』(서울: 중앙북스, 2008).

Flint, Larry and Eisenbach, David. *One Nation under Sex: How the Private Lives of Presidents, First Ladies and Their Lovers Changed the Course of American History*. New York: Saint Martin's Press, 2012. 안병억 옮김. 『섹스, 거짓말, 그리고 대통령: 래리 플린트가 말하는 어둠의 미국사』(서울: 메디치미디어, 2015).

MacGregor, James. *Leadership*. New York: Harper & Row, 1979.

MacGregor, James. *Transforming Leadership*: A New Pursuit of Happiness. New York: Grove Press, 2003.

Margaret Thatcher

마거릿 대처, 안병억(대구대학교)

2장
사회를 개조했으나 분열시킨 리더

"우리 모두는 포클랜드 사람입니다"

1982년 4월 2일 영국 시간으로 새벽 3시에 지구 반대편 남미 해상의 포클랜드 제도(The Falklands)가 영유권을 주장하는 아르헨티나 군에 의해 침략 당했다. 당시 런던의 일간지 《더 타임스(*The Times*)》는 이를 보도하며 침략자로부터 이 섬을 탈환하여 주권을 회복하는 게 목표라 규정했다. 그리고 우리 모두 하나가 되어 이 전쟁에서 승리해야 한다며 침략을 당해 어려움에 빠진 포클랜드 자국민을 지지하며 이들과 한 마음 한 뜻이라고 격정적인 사설을 게재했다.

그러면서 같은 날 신문은 1979년 5월에 집권한 마거릿 대처 총리가 최대의 정치적 위기에 직면했다고 진단했다. 경제 부흥 및 국방력을 강화하여 쇠퇴해가는 영국을 다시 세우겠다는 공약으로 집권한 대처 정부였다. 그런데 몇 개 남지 않았던 해외 영토 포클랜드마저 아르헨티나의 군사정부에게 침략을 당했다니 도무지 체면이 말이 아니었다. 당시 여론조사에 따르면 대처 정부의 지지율은 18%였고 대처 총리의 지지도는 이보다 조금 높은 25%에 불과했다. 공약에서 강조했던 경기 진작도 이루어지지 않았다. 그야말로 최초의 여성 총리 마거릿 대처는 최대의 위기에 직면했다. 그녀는 공산권에 강경 대응을 주장하고 실행한다고 철의 여인(Iron Lady)이라는 별명을 얻었다. 이제 청천벽력과 같은 위기에서 정말로 철로 만들어진 사람인가를 증명해야 했다.

거의 불가능했던 '포클랜드 전쟁'의 승리: 3선 집권의 밑거름

'위기 때 최선의 배는 리더십이다'라는 명언이 있다. 리더는 위기 대처 과정에서 리더십을 극명하게 보여줄 수 있고 위기를 성공적으로 극복하면 더 큰 기회가 와서 지지 기반을 넓힐 수 있다.

포클랜드 제도는 영국의 해외 영토로 제주도보다 여섯 배 반 정도 넓다. 영국이 실효지배하고 있으나 아르헨티나는 계속하여 자국 영토임을 주장하며 영유권 분쟁을 벌여 왔고 아직까지 분쟁이 진행 중이다. 스페인어 권에서는 말비나스 제도(The Malvinas)라 불린다. 1690년 영국 탐험대가 첫 도착한 후 1774년까지 영국과 스페인의 식민지가 이 제도에 각각 있었다. 전략적 가치가 없어 이 섬에 신경을 쓰지 않았던 영국 정부는 1833년 역사적 연고권을 근거로 이 제도를 영국령이라 선포했다. 양차 대전 당시 영국 해군은 포클랜드 제도를 선박 수리 및 보급 기지로 활용했다. 이 섬은 남대서양 및 남극에서 영국의 영유권 주장의 근거지로서 활용되었다. 영국은 1833년 이후 이 지역을 다스려 왔고 주민들의 자결권을 근거로 자국 영토임을 주장했다. 반면에 아르헨티나는 1816년 스페인으로부터 독립했을 때 이 영토를 획득했는데 1833년 영국이 불법적으로 이곳에 거주하던 아르헨티나인을 추방했다는 입장이다. 따라서 포클랜드인들은 자결권이 없다고 주장하며 이 섬의 영유권을 고집해 왔다.

포클랜드 전쟁은 1982년 4월 2일부터 6월 14일까지 약 70여 일간 지속되었다. 당시 아르헨티나는 레오폴도 갈티에리(Leopoldo Galtieri) 장군이 이끄는 군사정부(1976년부터 집권)가 통치하고 있었다. 군사정부는 인권을 탄압했을 뿐만 아니라 경제 운영도 제대로 하지 못했다. 물가가 폭등하고 실업률이 치솟아 국민의 불만이 고조되자 국내외 반발을 무마하기 위해 포클랜드를 전격 침략했다. 당시 군사정부에 강력하게 저항했던 아르헨티나의 공공노조조차 이 섬의 점령 후 정부 지지로 돌아섰다. 그만큼 아르헨티나 국민에게 이 섬의 영국 점유는 분쇄해야 할 제국주의 시대의 산물로 인식되었고 이를 탈환하는 것은 국가 자존심의 회복을 의미했다.

그러나 이 전쟁은 최초의 여성 총리 대처에게 생존이 달린 절체절명의 난제였다. 경제 회생과 국제무대에서 쇠퇴하는 세력으로 점차 존재감을 상실해가는 영국의 위상을 세우겠다고 약속한 그녀였기 때문에 이 전쟁에서 반드시 승리해야만 했다. 하지만 국내외 상황은 그녀에게 결코 녹록하지 않았다. 그녀는 외교 및 군사 전선에서 매우 어려운 상황에 처해 있었다. 당시 미 해군은 영국군이 이 섬을 탈환하는 것이 거의 불가능하다고 판단했다.

그녀는 미국의 로널드 레이건(Ronald Reagan) 대통령과 이념적 동지로 매우 각별한 관계를 유지했다. 두 정치인 모두 작은 국가, 복지의 축소를 주요 내용으로 하는 신자유주의의 선봉자였고 그러한 정책을 실행하고 있었다. 또한 두 사람은 대 소련 강경정책을 적극 주장하며 외교정책에서도 공조를 이루었다. 그러나 미국은 남미에서 소련의 공산주의 세력 확장을 저지할 수 있는 발판으로 아르헨티나의 군사정부가 필요했다. 이 때문에 미국의 맹방이자 '특별한 관계'(special relations)를 유지했던 영국이 침략을 당했지만 미국은 이 전쟁에서 중립을 선언하여 공식적으로 영국에 정보제공 등의 지원을 하지 않았다. 미국은 전쟁 발발 직후 알렉산더 헤이그(Alexander Haig) 국무장관을 런던으로 급파하여 외교적 타결을 촉구했다. 영국의 신임 외무장관 프랜시스 핌(Francis Pym)도 아르헨티나와 협상을 주장했다. 아르헨티나는 그해 4월 말에 전세가 유리하자 포클랜드 섬을 UN이 인정한 식민지에서 제외하고 12월 말까지 당국 간 협의를 통해 섬의 지위를 결정하자고 제안했다. 대처는 회고록에서 이런 제안을 섬의 원상회복을 전제로 하지 않고 섬 주민들의 의견을 전혀 반영하지 않은 항복문서라 여기며 강경하게 대응했다고 썼다. 당시 최고 안보정책 결정기구인 국가안보회의에서 이 제안을 두고 수용 협상하자는 측과 수용 거부를 주장한 대처 총리와의 격론이 있었다. 대처는 어떠한 외교적 해결책도 거부했다. 격론이 있었지만 총리로서 최종 결정 권한을 행사하여 군사적 승리와 섬의 탈환을 목표로 삼았다.

○ 2004년 6월 11일 이념적 동지였던 로널드 레이건 전 미국 대통령의 장례식에 참석한 대처

그녀가 외교적 해결책을 강경하게 거부한 것은 침략세력과 협상한다는 것을 원칙상 수용할 수 없었기 때문이었다. 그녀는 신념의 정치인으로 원칙을 매우 중시했다. 또 당시 여론도 속수무책으로 침략을 당한 정부를 강력하게 비난했다. 당시 영국과 아르헨티나 정부는 포클랜드 제도를 두고 그해 2월 초까지 뉴욕의 UN본부에서 협상을 했지만 별다른 결과를 얻지 못하고 협상이 결렬되었다. 그해 3월 19일 아르헨티나의 고철 상인들이 포클랜드의 남쪽 항구 사우스 조지아(South Georgia)에 아르헨티나 국기를 게양했다. 당시 상인들 사이에 변장한 아르헨티나 해병대가 섞여 있었다. 영국은 이에 대응해 인근에 있던 쇄빙선 인듀어런스(HMS Endurance)호를 급파하자 아르헨티나는 이를 전쟁 개시의 신호로 받아들여 4월 2일 침공하기에 이르렀다. 공교롭게도 1981년 국방예산을 검토하면서 영국 정부는 남대서양 인근의 해군 전력을 감축하기로 결정했다. 이런 상황에서 아르헨티나가 이 섬을 전격 점령했으므로 언론은 사전 징후를 감지하여 대책을 마련하지 못한 이유와 국제무대에서 영국의 위상 회복이라는 공약과 어긋나게 국방비를 삭감한 이유를 따져 물었다. 침략 다음 날인 4월 3일 토요일에 하원이 긴급 소집되었다. 이 자리에서 야당인 노동당은 정부의 이런 실책에 맹공을 퍼부었다. 집권 여당 보수당도 정부의 실책을 비판하는데 동참했다. 일부 집권 보수당 의원들은 아르헨티나의 독재자 갈티에리가 대처를 버스 바퀴 밑으로 밀어 버렸고 이제 큰 부상을 당한 여성 총리가 물러나야 한다는 말을 소곤거렸다.

대처는 일반 서민들의 감성에 호소하는 연설을 수차례 했다. 그녀는 제2차 세계대전 당시 아돌프 히틀러(Adolf Hitler)라는 파시스트가 유럽을 침략한 것과 같이 아르헨티나의 파시스트 갱이 포클랜드 제도를 침략했다고 강경한 비난을 퍼부었다. 독재자 앞에서 외교적 해결을 운운하는 것은 비겁하고 원칙을 배반하는 것임을 명확하게 밝혔다.

하지만 대처에게도 포클랜드 전쟁은 군사전략 측면에서 쉽지 않았다. 영국은 포클랜드에서 약 1만2천km 떨어져 있었지만 아르헨티나는 불과 500km 정도 인근에 있었다. 군수물자 보급과 정보, 공군력에서 영국은 매우 불리했다. 당시 영국이 현장에서 운용한 전투기는 42대였지만 아르헨티나 공군의 이보다 세 배 정도 많은 공군 전력을 운용했다. 대처의 강경 대등이 알려지고 전세가 영국에게 불리하게 돌아가자 뜻밖에 미국에서 지원이 왔다. 당시 미국의 캐스퍼 와인버거(Caspar Weinberger, 재직: 1981. 1~1987. 11, 1988년 엘리자베스 2세로부터 기사 작위를 받음) 국방장관은 중립이라는 정부의 공식 정책을 어기고 영국에 비공식적으로 아르헨티나 공군의 이동 등 중요 군사 정보를 영국에 제공했다. 와인버거 장관은 침략당한 맹방을 수수방관할 수 없었다며 지원에 나섰다.

이런 맹방의 도움과 더불어 대처의 리더십과 영국군의 전술 덕분에 대처는 매우 불리한 전쟁을 승리로 이끌 수 있었다. 이 과정에서 그녀는 최대의 위기에서 고독하게 결정하고 책임을 지는 리더십의 면모를 드러냈다. 300명이 넘는 사상자를 낸 아르헨티나 전함 제너럴 벨그라노(General Belgrano)의 격침은 초기 전세를 역전시킨 대표적인 군사 작전이다. 국가안보회의에서 대처는 이 전함의 격침을 밀고 나갔다. 반면에 일부 각료들은 전세를 역전시킬 수 있지만 전세를 필요 이상으로 확전 시킬 우려가 있다며 신중한 의견을 표명했다. 결국 5월 2일 영국 핵잠수함 콩쿼러(HMS Conqueror)가 세 발의 어뢰를 발사해 이 전함을 격침시켰다. 하지만 이 격침은 영국에게도 여파가 컸다. 아르헨티나 공군은 보복에 나서 이틀 뒤 영국 전함 셰필드호(The Sheffield)를 수장시켰다. 포클랜드 전쟁에서 사망한 영국군 255명 가운데 10%의 사망자가 여기에서 발생했다. 대처는 사망한 군인 가족 모두에게 일일이 자필 편지를 썼다. 두 아이의 어머니로서 상실감을 이해한다며 공감을 표시했고 고귀한 희생을 헛되지 하지 않을 것이라고 편지에서 다짐했다. 아래 지도는 당시의 전투 상황을 상세하게 알려주고 있다.

또한 대처는 인사 고과에서도 리더십을 분명하게 발휘했다. 포클랜드 전쟁 발발 직후 캐링턴 경(Lord Carrington)이 사태의 책임을 지고 물러났다. 그는 아르헨티나 정부와 외교협상을 벌이던 외교부의 수장으로서 누구보다도 상황을 잘 알고 대처해야 하는데 그렇지 못했다는 비판을 받았다. 아르헨티나의 군사적 도발 징후를 무시했다는 비판을 받은 존 놋(John Nott) 국방장관은 전쟁을 종결하고 1983년 1월 개각에서 사임했다. 대처가 국내외의 거센 협상 요구를 물리치고 전쟁을 승리로 이끌었던 것은 그녀의 몸에 깊숙하게 배어 있던 독재자 혐오에서 나왔다. 이런 독재정권에 대한 그녀의 강경 대응은 어린 시절에 일부 몸소 겪었던 나치 히틀러의 경험에서 유래한다.

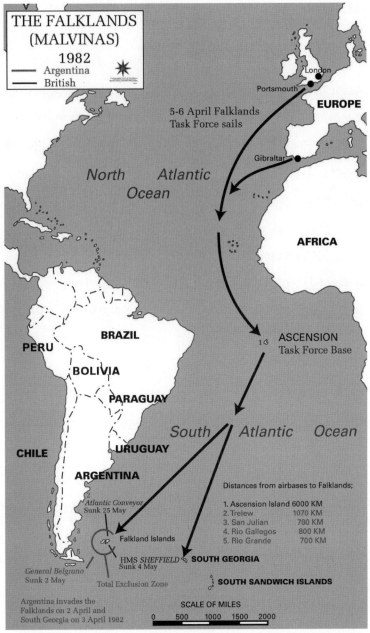

THE FALKLANDS
(MALVINAS)
1982
— Argentina
— British

5-6 April Falklands
Task Force sails

London
Portsmouth
EUROPE
Gibraltar

North Atlantic
Ocean

AFRICA

ASCENSION
Task Force Base

South Atlantic Ocean

BRAZIL
PERU
BOLIVIA
PARAGUAY
CHILE
URUGUAY
ARGENTINA

Atlantic Conveyor
Sunk 25 May

Falkland Islands

HMS SHEFFIELD
Sunk 4 May

General Belgrano
Sunk 2 May

Total Exclusion Zone

Distances from airbases to Falklands;

1. Ascension Island 6000 KM
2. Trelew   1070 KM
3. San Julian   780 KM
4. Rio Gallegos   800 KM
5. Rio Grande   700 KM

SOUTH GEORGIA

SOUTH SANDWICH ISLANDS

Argentina invades the
Falklands on 2 April and
South Georgia on 3 April 1982

SCALE OF MILES

0   500   1000 1500 2000

○ 영국 전력의 기지는 아프리카와 남대서양 중간에 있는 영국령 아센시온 섬 Ascension Island이었다.

나치 증오와 위대한 영국인, 삼수 끝에 웨스트민스터에 입성

대처에게 나치 증오와 위대한 영국인이라는 생각은 밀접하게 연관되어 있다. 1925년 영국 중부의 소도시 그랜섬(Grantham)에서 잡화상의 딸로 태어난 그녀는 14살 때 제2차 세계대전을 맞았다.1 그랜섬은 런던에서 북동부로 약 150km 떨어진 소도시로 중공업이 발달했었으며 전쟁 당시에는 군수공장이 있었다. 마거릿은 매우 감수성이 민감한 시기에 고향이 나치 공군에 의해 몇 차례 공습 받는 것을 목격하고 지하 방공호로 대피해야 했다. 또 나치의 박해를 피해 오스트리아로부터 도피해 온 유태인 소녀가 몇 달간 그녀의 집에서 체류하기도 했다. 대처는 회고록에서 이 두 가지 경험을 강조했다. 나치 독일에 대한 증오심을 키웠고 이와 동시에 히틀러에 홀로 맞선 조국 영국에 대한 자부심을 키울 수 있었다고 적었다. 이런 변치 않는 생각은 그녀의 정치 역정 곳곳에서 드러났다.

옥스퍼드대학교를 졸업한 후 정치의 길로 나선 대처가 웨스트민스터(Westminster) 의사당 입성에 기반을 마련하게 된 것은 부유한 사업가와 결혼했기 때문이었다. 그녀는 졸업 후 변호사가 되고 싶었지만 경제적 여유가 없자 일단 화학회사(대학 때 전공이 화학)에 취직해 근무하게 되었다. 그러던 중 우연한 기회에 중부 다트포드(Dartford) 시 지역구 보수당 의원이 의원직을 내놓으면서 이곳 지역구 의원 후

---

1   이 부분의 글은 필자의 "여성 드골: 마거릿 대처," 통합유럽연구회 편, 『인물로 보는 유럽 통합사』(서울: 책과 함께, 2010), pp. 364-368을 일부 참조했다.

보에 응모해 당당히 후보로 선발되었다. 그녀는 옥스퍼드대학교 활동 중 알게 된 지인의 소개로 이 지역구에 응모하게 되었으며, 이것은 불과 24살의 나이에 첫 의원직 도전이었다. 1950년 2월 치러진 하원 선거에 이 지역구 보수당 의원으로 출마했으나 낙선했다. 이듬해 여당인 노동당이 조기 소집한 총선에서도 대처는 같은 지역구에 출마했으나 의원이 되지 못했다. 당시 그녀는 유세에서 보수당 총리 후보로 나선 윈스턴 처칠(Winston Churchill)을 거론하며 "우리는 위대한 섬 민족(island nation)이라며 위대한 조국의 위상을 지켜 나가자"고 강조했다.

선거 과정에서 그녀는 10살이나 연상인 부유한 사업가 데니스 대처(Denis Thatcher)를 알게 되어 1년간의 교제 끝에 결혼하게 되었다. 대처는 회고록에서 "데니스와 결혼은 최선의 결정 중의 하나였다"고 적고 있을 만큼 두 사람은 서로가 필요성을 느껴 결혼했으며, 최대한 각자의 영역을 존중하며 결혼생활을 하게 되었다. 가정과 정치인의 생활을 계속하려던 대처에게는 자녀 양육을 맡길 수 있는 경제적 여유가 필요했다. 대처는 결혼 후 런던으로 이주하면서 남편의 도움으로 자신이 꿈꾸어왔던 변호사 공부를 계속해 1954년 변호사 자격증을 취득했다. 대학에서 화학을 전공했던 그녀는 의정 활동에 무엇보다도 법률 지식이 필요함을 인식했기 때문에 변호사 자격증을 얻었다. 자녀도 쌍둥이 남매를 얻어 한 번에 양육이 가능했다.

1959년 10월 총선에서 런던 북부 지역구 핀칠리(Finchley)에 보수당 의원 후보로 출마해 삼수 끝에 웨스트민스터 입성의 꿈을 이루었다. 의욕적인 의정활동 등에 힘입어 36살이었던 1961년에는 국민

연금보험부 차관으로 임명되었다. 1964~1970년 초까지 노동당이 정권을 장악하게 되자 대처는 야당인 보수당의 그림자 내각(Shadow Cabinet)에서 연금과 토지, 교통 분야의 대변인을 맡으면서 활동했다. 1970년 6월 히스(Edward Heath) 보수당 당수가 총선에서 승리하자 대처는 교육과학부 장관에 임명되었다. 1974년 노동당이 여당이 될 때까지 대처는 3년 8개월간 장관직을 수행하면서 행정 경험을 쌓았다. 대처는 그 당시 여성이 보수당의 총재가 될 수 있으리라고는 꿈에도 생각하지 못했다고 언론 인터뷰에서 밝혔다. 여성 총리는 더욱이 말할 나위 없었다.

그러던 그녀가 1975년 2월에 최초의 보수당 여성 총재로 선출될 수 있었던 것은 능력뿐만 아니라 운이 겹쳤기 때문이었다. 우선 히스 총재로는 더 이상 안 된다는 의견이 보수당 내에 팽배해 있었다. 즉 그가 추진한 경제정책은 사양산업 보조와 노조의 임금 인상에 굴복하는 등 시장개입의 요소가 많았다. 이런 정책을 실시해 총선에서 패배했기 때문에 총재를 바꿔야 한다는 불만이 보수당 안에서 폭발했다. 이런 상황에서 유력한 총재 후보였던 키스 조지프(Keith Joseph)는 정부의 시장개입 최소화와 정부 재정지출 삭감을 내세웠으나 중도에 낙마했다. 그는 "하층 노동계급 여성들의 출산 비율이 높아짐을 애석하게 생각한다"는 연설 때문에 좌파언론으로부터 우생학적 발언이라는 뭇매를 맞았다. 그가 총재직 도전을 포기하면서 키스의 정책을 지지하던 대처가 출마하게 되었다. 이런 요소에 힘입어 대처는 여성으로서는 처음으로 보수당 당수가 되었다. 야당 총재로서 그녀는 그해 6월 리더십을 발휘해 영국의 유럽경제공동체(EEC)

가입 잔류를 묻는 국민투표에서 잔류 지지 캠페인을 전개했다.

1979년 5월 총선에서 대처는 노동당을 물리치고 보수당을 승리로 이끌어 최초의 여성 총리로 취임했다. 취임 후 그녀는 정부 재정지출의 과감한 축소와 소득세와 법인세 인하, 노동조합의 과도한 권한 축소 등 훗날 대처주의(Thatcherism)라고 알려진 일련의 정책을 추진했다. 1983년과 1987년 내리 3번이나 총선에서 승리해 승승장구하는 듯 했으나 1990년 11월 총재직에서 물러났다. 주택 소유자에게 부과하는 인두세(poll tax: 주택가격을 기본으로 각 가구에 부과되는 세금, 지방세community tax로도 불림) 신규 도입 및 인상 추진으로 전통적인 보수당 지지자들도 점차 대처로부터 등을 돌리기 시작했다. 이어 유럽 통합에 적대적인 정책을 취하며 반대한 총리에 대해 보수당 의원들의 불안감이 커지면서 그녀는 사임해야만 했다.

그녀는 상당수의 보수당 의원들과 비교해 이방인이라 할 수 있다. 대처는 총리 취임 후 종종 자신이 잡화상의 딸이라는 점과 아버지로부터 큰 영향을 받았음을 강조하곤 했다. 그녀의 부친인 알프레드 로버츠(Alfred Roberts)는 작은 잡화상을 운영하면서 그랜섬(Grantham) 시에서 시장을 역임했다. 그녀는 잡화상을 알뜰하게 운영하면서 시정을 펼치는 아버지로부터 근검절약과 가정의 소중함을 배웠고, 이런 배움이 자신이 총리가 된 후 작은 정부를 지향하는 정책 수행에 밑거름이 되었다고 회고록에서 적고 있다. 물론 이런 그녀의 발언은 정상에 오른 정치인이 행적을 미화하는 면이 있지만, 다른 보수당 출신의 정치인들이 귀족 출신에 화려한 가문을 자랑했음을 볼 때 어느 정도 타당성을 가지고 있다고 볼 수 있다. 대처가 웨

○ 1979년 12월 17일 미국의 지미 카터 대통령을 방문한 대처 총리

스트민스터에 입성했을 때 전체 의원 가운데 여성 의원의 비율은 채 10%도 되지 않았다. 메릴 스트립이 대처로 열연한 영화 〈철의 여인 (Iron Lady)〉에서 그녀가 처음 웨스트민스터에 입성했을 때 여성 의원 휴게실이 없어 남성 의원이 득실거리는 곳으로 가 매우 어색한 표정을 짓는 모습이 나온다. 당시의 시대 분위기를 잘 표현해주는 장면

이다.

　집권 1기 3년 차인 1982년에 포클랜드 전쟁에서 최대의 위기를 극복한 대처는 2기부터 경제개혁에 매진했다. 개혁에 반대하는 공공 노조의 거센 반발에도 굴복하지 않고 그녀는 공약으로 내세웠던 개혁을 상당 부분 달성했다. 1979년의 첫 총선과 1983년, 1987년의 총선에서 그녀의 공약은 크게 경제와 법치주의, 안보 등 세 분야로 집약된다. 첫째는 경제였다. 경제회복을 위해 인플레이션을 통제하고 노조의 의무와 권리의 균형을 도모했다. 대처는 노조의 과도한 권한을 제어하고 노동 시장의 유연성을 회복해야 경제가 회복될 수 있다고 보았다. 근로의욕을 고취하기 위해 감세 정책을 실시하고 일자리 창출도 약속했다. 둘째는 법치주의의 확보. 노조의 지나친 파업을 통제하기 위해 노사관계를 개혁하고 엄격하게 법을 집행하겠다고 공약했다. 셋째는 국방을 강화하고 미국 등 동맹국과의 협력을 증진하겠다고 밝혔다. 11년 집권동안 대처는 주요 공약을 실천했다. 그러나 그녀의 각 분야 개혁이 일부 계층에만 유리하게 작용해 결국 이는 영국 사회의 양극화를 초래하게 되었다.

법치냐 폭치의 정치냐: 노조와의 명운을 건 싸움

　대처는 집권 2기인 1983년 중반부터 노사관계 개혁을 야심차게 추진했다. 1970~1974년 교육부 장관으로 근무하던 중 노조에 힘없이 굴복하는 소속당의 총리를 본 그녀는 경제 회생을 위해서는 공공

노조의 권한 약화가 무엇보다 필요하다고 굳게 믿었다.

제2차 세계대전 후 치러진 1945년 총선에서 클레멘트 애틀리
(Clement Attlee)가 이끄는 노동당이 승리를 거두었다. 노동당은 전 국
민 건강보험(National Health Service: NHS)을 도입했고 석탄과 철강, 철
도 등 기간산업을 국유화했다. 1979년 대처가 집권하기 전까지 기간
산업은 여전히 정부의 손에 있었다. 시대 상황이 변했지만 기간산업
이 계속해서 정부의 통제를 받고 있어 혁신이 느렸고 효율성도 많이
떨어졌다. 대표적인 기간산업이 바로 석탄산업이었다. 최초의 산업혁
명 국가인 영국에서 석탄은 산업혁명 때 최고의 에너지원이었다. 이
후 석탄은 영국에서 중요한 기간산업이라는 신화가 지속되었다. 그
렇지만 급변한 현실은 이런 신화를 지탱해주지 못하고 있었다. 석탄
산업이 최고 절정이었던 1914년 제1차 세계대전 직전에 영국 전역에
3천 개 정도의 광산에서 백만 명이 넘는 광부가 일했다. 당시 석탄
연간 생산량은 2억9200만 톤이었다. 1946년 당시 노동당 정부는 석
탄산업을 국유화했는데 980개 탄광에 연간 1억 8700만 톤을 생산
했다. 해마다 정부는 석탄 수요를 예측하여 채굴했고 투자와 생산의
균형을 맞추려 했다. 투자는 정부 재정을 투입하여 계획대로 했으나
수요는 번번이 빗나갔고 영국의 석탄은 세계 시장에서 제대로 경쟁
할 수 없었다.

대처는 신자유주의 철학에 따라 효율성이 떨어지는 기간산업을
구조조정해서 민영화했다. 노조의 반발을 예상하여 점진적으로 법
을 개정하고 치밀하게 준비하여 노사관계를 개혁했다. 대처가 교육
부 장관으로 근무하던 1970~1974년 영국 탄광노조(National Union

of Mineworkers: NUM)는 두 번(1972년과 1974년)이나 파업을 벌여 당시 에드워드 히스(Edward Heath)가 이끌던 보수당 정부를 굴복시켰다. 특히 1974년 2월 탄광노조는 물가상승률을 초과하는 임금인상을 요구하며 전면 파업에 들어갔다. 당시 히스 총리는 노조에 강경대응을 선언했으나 결국 굴복했고 그해 총선에서 노조와 긴밀한 관계를 유지했던 노동당이 집권당이 되었다. 당시 파업을 주도했던 인물은 탄광노조의 아서 스카길(Arthur Scargill) 부위원장이었다. 1978년 11월부터 이듬해 3월까지 운송, 병원, 지하철 등의 공공노조는 다시 임금인상을 요구하며 총파업에 돌입했다. 대처는 선거공약에서 노조의 권리와 의무를 재조정하여 과도한 권한을 통제하겠다고 밝혔다.

대처 정부는 단계적으로 치밀하게 준비하여 탄광노조의 기득권을 빼앗았다. 1981년 9월 당시 일부 언론은 정부가 탄광 폐쇄를 포함하여 석탄산업의 합리화를 준비 중이라고 보도했다. 이 보도가 나오자마자 NUM은 탄광이 고갈되지 않는 한 탄광의 폐쇄는 없다는 기존 방침을 밝혔다. 석탄의 과잉 공급으로 가격이 떨어져 경제성이 없었지만 노조의 입장은 변하지 않았다. 당시 10%가 넘는 인플레이션 및 감세 등 여러 가지 어려움에 처해있던 대처 정부는 일단 전술적으로 물러섰다. 그해 12월 스카길이 NUM 위원장에 취임하자 정부는 노조와의 일전을 준비했다. 우선 석탄 공급에 영향을 가장 크게 받는 곳이 화력 발전소였기에 광부들의 파업에 대비한 전략을 마련했다. 광부들의 파업이 장기화되고 전력 수급에 차질이 생긴다면 이는 바로 정부를 비판하는 여론으로 이어질 것이 분명했다. 대처는 석탄노조의 주목을 피해 이때부터 차근차근 주요 발전소에 석탄을 비축하도록 했다. 이어 석탄산업 운영의 최고 기관인 석탄위원회(National Coal Board: NCB)의 인사 교체를 단행했다. 이언 맥그리거(Ian MacGregor)는 국영기업인 영국 철강(British Steel Corporation: BSC) 최고경영자 출신으로 1981년 3개월간의 철강 노조 파업을 무리 없이 종결하고 철강산업의 구조조정에 성공한 경력을 지녔다. 그는 1983년 9월 NCB 위원장으로 취임하여 정부와 긴밀하게 협의하여 경제성이 떨어지는 탄광을 단계적으로 폐쇄하고 이에 따른 인력 감축 계획을 발표했다. 물론 여기에는 광부들의 복지를 감안하여 퇴직 시 두둑한 퇴직금과 연금도 약속했다.

대처 정부는 치밀한 준비를 마치고 1984년 3월 초 20개 탄광의 폐쇄를 발표했다. 전국 탄광노조의 아서 스카길 위원장은 노조의 투표를 거치지 않고 3월 12일 파업을 단행했다. NUM의 정관에 따르면 파업은 조합원의 비밀투표에서 55% 이상이 찬성을 해야 가능했다. 그러나 이 정도의 찬성을 얻지 못할 것이라고 판단한 노조 지도부는 파업 중인 다른 노조원을 지원할 수 있다는 정관을 활용했다. 즉 탄광이 집중돼 있던 중부의 요크셔와 스코틀랜드 노조원들이 먼저 파업에 들어갔다. 스카길 위원장이 중심이 된 노조 지도부는 당시까지 해왔던 동조 파업을 활용하여 파업을 확산시키는 전략을 선택했다. 이 파업은 이듬해 3월 8일까지 1년 정도 계속되었다. 당시 일부 언론은 이 싸움을 '아서 왕'과 대처가 영국 경제의 진로를 두고 벌이는 혈투라 규정했다.

그런데 파업에 반대하는 요크셔 노조원 2명이 8월 초에 정관의 비밀 투표 조항을 위반했다며 법원에 소송을 제기했다. 고등법원은 두 달 후 이를 불법파업으로 판결하여 NUM에 20만 파운드의 벌금을 선고했다. NUM이 벌금을 납부하지 못하자 법원은 노조의 재산을 압류했다. 또한 불법파업이었기 때문에 파업에 참가한 노조원들은 아무런 급여도 받지 못했다. 북부 웨일스 지역처럼 그 지역 경제에서 탄광이 차지하는 역할이 미미한 곳에서는 파업 지지가 미미했다. 노조 지도부가 판단을 잘못하여 노조 규약에 규정된 비밀 투표를 거치지 않고 파업을 선언했기에 일반 시민들의 지지를 확보하지 못했다. NUM이 파업 자금을 마련하기 위해 소련의 탄광노조, 리비아의 독재자 가다피로부터도 지원을 받았다는 사실이 알려지면서 여론도 점차 탄광노조의 불법 파업을 지지하지 않았다. 일자리와 생존을 위한 파업이라면 비록 불법이라도 일말의 지지를 받을 수 있었는데 노조를 탄압하는 공산국가와 독재국가의 지원을 받아서까지 파업을 지속한다는 점에 시민들은 실망했다.

대처는 파업 노조원들의 '내부의 적'이라 규정했다. 파업에 참여하는 노조원들은 탄광뿐만 아니라 화력발전소 등 석탄을 대량으로 사용하는 공장에 피켓을 들고 석탄의 운송을 저지하려는 시위를 벌였다. 이런 과정에서 노조원들은 경찰과 격렬하게 대치하면서 경찰관과 노조원들이 상당수 다쳤다. 집권 1기인 1980년 고용법을 개정하여 파업을 벌이고 있는 사업장 이외에서의 피케팅을 불법화했기에 이는 불법이었다. 경찰은 이런 노조원들을 법을 내세워 엄중하게 단속했다. 또 파업에 참여하지 않는 노조원들과 그 가족들은 파업에 참여하는 노조원들로부터 계속 위협을 받았다. 대처는 파업이 시작된 지 약 6개월이 지나 파업에 참여하지 않는 노조원 가족을 만나 대화했다. 그녀는 가족들에게 정부의 원칙을 명확하게 설명했고 두려움 없이 일할 수 있게 돕겠다고 설명했다. 1985년 1월 일부 언론은 정부가 탄광노조와 원칙도 없이 타협하여 사태를 종결한다는 보도가 나왔다. 대처는 당시 만났던 가족들에게 서한을 보내 그런 일은 절대 없을 것이라며 다시 한 번 원칙에 따라 파업을 해결하겠다는 확신을 주었다.

대처는 영국 경제의 명운이 걸린 최대 노조와의 대결에서 최고 사령관으로서 지휘 통제력을 십분 발휘했다. NUM과 협상하는 것은 NCB(사측)이었지만 정부 차원의 필요한 입법조치, 주요한 전략적 결정, 언론과 시민들과의 소통에서 단일한 메시지 전달 등 모든 과정에서 대처는 핵심 역할을 수행했다. 내각에 총리와 에너지 장관, 고용부 장관, 재무장관 등 관계 장관들이 참여하는 대책 위원회를 만들어 수시로 전략회의를 갖고 대응했다. 총 20만 명이 넘는 광부 노조원 가운데 몇 명이 파업에 참여했고 몇 명이 복귀하는지를 계속해서 점검하고 방안을 강구했다. 부두에 묶여 있는 석탄을 화력 발전소로 운반할 때 정규 부두 노동자를 고용해야 하는데 일부 항구에서는 일용직 노동자를 고용했다. 이에 반발한 항만노조가 1984년 7월 9일부터 파업에 들어갔다. 이 파업이 오랫동안 지속될 경우 탄광에서 선박으로 운반된 석탄을 인근의 화력 발전소로 이송하는 과정에서 차질이 생기고 자칫 다른 공공노조의 연대 파업으로 번질 뻔했다. 그러나 탄광노조의 불법 행위가 크게 보도되고 항만노조나 다른 노조의 동조파업도 지지를 받지 못했다. 항만노조의 파업은 불과 10일 만에 끝났다. 그해 8월 말 스코틀랜드의 항만노조도 같은 이유로 파업에 돌입했으나 참가 노조원들이 적어 결국 20여일 만에 파업을 철회했다. 결국 일 년 만에 탄광노조는 대처 정부에 백기를 들었다. 이 파업의 여파로 NUM은 급속하게 세력을 잃었다. 또 파업에 반대했던 중부의 노팅엄셔와 남부 더비셔에서 별도로 탄광노조가 설립되기도 했다. 수익성이 떨어진 탄광은 문을 닫았고 석탄산업은 점차 민영화의 길을 밟게 되었다.

앞에서 강조한 대로 대처 총리는 영국 정치를 좌지우지했던 탄광노조의 권한을 약화시켜 노조 개혁의 발판을 마련했다. 1974년 보수당의 히스 총리는 탄광노조에 굴복했지만 대처는 승리했다. 그 이유는 석탄산업의 비중 감소도 있지만 무엇보다도 대처의 리더십이 있었기 때문이다. 노조와의 결전을 위해 3년 정도 준비를 했고 1년에 걸친 파업 과정에서 대처가 중심이 되어 지휘 통제 본부 역할을 충실하게 해냈다. 이와 함께 석탄이 산업에서 차지하는 비중이 크게 줄었다. 1974년에는 에너지원으로 석탄 의존율이 70%나 되어 파업에 따른 산업 및 시민들의 어려움이 매우 컸다. 화력 발전소에 석탄이 공급되지 않으면 곧바로 전기 공급이 줄어들었기에 시민들의 불편이 클 수밖에 없었다. 탄광노조는 이를 지렛대로 활용하여 정부를 압박했다. 반면에 10년이 지난 후 의존율은 35%로 줄어들어 노조가 파업을 통해 정부를 압박할 수 있는 여지는 크게 줄어들었다.

포클랜드 전쟁을 승리를 이끌어 자신감을 회복한 대처는 이 싸움에서도 리더십을 발휘했다. 주요 공약의 하나인 노조의 권한과 의무를 균형 잡으려고 그녀는 전략과 전술을 짰다. 또한 위기 대응 조직을 만들어 직접 점검하면서 국민과 소통하는 리더십을 발휘했다.

반면에 탄광노조는 우선 절차상 규약을 위반하고 비밀투표를 거치지 않은 파업을 단행하여 일부 노조원은 물론이고 여론의 지지를 점차 잃게 되었다. 1970년대 탄광노조의 파업을 경험했던 상당수 시민들이 노조의 이런 파업을 지지하지 않은 것도 대처 정부에게는 유리하게 작용했다. 마찬가지로 노조의 힘에 크게 기댔던 노동당도 이 파업에 수사적 지지 이외에는 별다른 도움을 줄 수 없었다. 대처 집권 1기에 노동당은 급진 좌파가 장악하여 유럽경제공동체(European Economic Community: EEC) 탈퇴, 주요 기간산업의 국유화 등 대처의 신자유주의 정책과 정반대되는 정강을 내세웠다. 그러나 1983년 6월 총선에서 노동당은 사상 최악의 참패를 당했다. 그해 10월 좀 더 온건한 닐 키녹(Neil Kinnock)이 노동당 당수가 되었지만 그는 NUM 파업에서 소속당의 최대 세력 기반이었던 노조의 파업에 별다른 지원을 할 수 없었다. 몇 차례 파업 중재를 제안했고 총리의 견책 안을 하원에서 발의했으나 이마저 아무런 결실을 맺지 못했다. 불법 파업이라는 점 이외에도 여론도 점차 파업을 비판했기 때문이었다. 스카길 위원장은 파업이 시작된 직후 '사회 및 산업 분야에서 영국의 전투'라 규정했다. 즉 영국이 그때까지 유지해왔던 기간산업의 국유화와 고용 유지를 지켜낼 수 있을지를 결정하는 큰 싸움이었다. 그러나 결국 그는 변화된 상황과 대처 정부의 치밀한 전술전략에 졌다. 대처는 회고록(*Downing Street Years*)의 상당 부분에서 준비 과정 및 실제 파업에 대응한 전략을 자세하게 기술했다. 그녀는 영국 경제의 회생 여부가 NUM과의 전투에서의 승리에 달려있었다고 회고했다. 1985년 승리를 바탕으로 대처는 집권 3기에도 계속하여 고용법을 개정하여 조합원에게도 쟁의 행위의 일시적인 중지 명령을 요청할 수 있는 권한을 부여했다. 또한 노조원들의 노조 회계 열람권도 가능하게 했다(1988년의 고용법). 일 년 후 추가 개정에서 여성과 청년층에 대한 근로시간 제한을 철폐했고 근로시간에 노조활동을 하는 데 제한을 두었다. 이런 순차적인 과정을 거쳐 영국의 노동시장은 점차 유연성을 확보하게 되었다.

그녀가 회고록에서 기술했듯이 1972년부터 영국 사회에는 그 누구도 노조와 상대해서 승리를 거둘 수 없다는 인식이 팽배했다. '노조가 영국을 다스린다'는 자조 섞인 말이 회자되었다. 이러한 노조의 과도한 세력화와 정치적 파업이 영국 경제의 회생을 가로막는다는 인식에서 대처는 치밀한 준비와 전술전략으로 가장 큰 노조와 싸워 승리를 거두었다. 1985년 3월 13일 중도우파 논조의 일간지 《더 타임스》는 '대처의 승리'라 규정하며 이제 경제 회생이 본격적인 궤도에 오를 것이라 전망했다.

누구를 위한 감세와 금융규제 완화인가?: 2008년 글로벌 경제 위기와 대처

감세정책은 소득분배에 직접적으로 영향을 미치기 때문에 실행이 쉽지 않다. 특히 기업에 대해서는 투자를 유인하기 위해 세금을 깎아주고 서민에게 부담이 가는 부가세를 인상한다면 이는 큰 반발을 불러오기 마련이다. 신자유주의는 지나친 과세가 근로 의욕을 짓누른다는 인식에서 감세—특히 기업과 근로자에 대한—를 강력하게 지지한다.

대처는 이런 신자유주의 논리에 따라 단계적으로 직접세인 소득세와 법인세를 인하했던 반면에 간접세여서 징수가 용이한 부가가치세는 단계적으로 인상했다. 부자들에게 물리던 최고 근로 소득세율은 1979년 집권 당시 83%에서 60%로 인하되었고 1990년 그녀가 총리직에서 물러날 때에는 40%로 크게 떨어졌다. 기본 개인 소득세율도 1979년 33%에서 29%(1986년), 25%(1990년)로 인하되었다. 식품과 유아용품은 면세였지만 세원을 늘리기 위해 부가세를 부과했다. 집권 이전 부가세 표준세율은 8%, 사치재는 12.5%였지만 1979년 집권 직후 이를 15%로 일괄 인상했다. 1990년 사임할 당시 부가세는 17.5%로 더 올랐다.

경제학자들의 분석을 보면 감세 정책이 성과를 거둔 것으로 나타났다. 개인 소득세율이 60%에서 40%로 줄어든 계층이 15% 정도 더 많은 시간을 일했다. 또 고소득층에 대한 세율을 무려 43% 포인트 정도 내렸으나 상위 5% 계층의 소득세 납부 비중은 증가했다. 1979년 이들은 전체 소득세 납부액의 24%를 차지했는데 대처가 물러난 이듬해인 1991년 회계 연도는 32%로 늘어났다. 각종 규제완화, 그리고 공기업 지분의 매각으로 돈을 번 중산층 일부가 상위 계층에 편입되어 상위 계층의 납세 비중이 증가했다.

그러나 서민에게 더 큰 부담을 준 부가세 인상은 많은 비판을 받았다. 전체 납부액 가운데 직접세의 비중은 점차 감소했지만 간접세의 비중은 부가세 인상으로 늘어났다. 부자나 가난한 사람이나 모두

담배나 술을 구입할 때 같은 세금을 납부한다. 이 때문에 부가세는 역진적이고 취약 계층에 훨씬 더 많은 부담을 안겨준다. 대처주의가 경제 불평등을 심화시켰다고 비판을 받은 이유도 이런 조세 정책의 개편 때문이다. 대처의 집권 1기였던 1981년 3월 말 364명의 경제학자들이 정부의 경제정책을 정면으로 비판하는 공개서한을 보냈다. 경제학과 교수뿐만 아니라 5명의 전직 경제수석들도 가담했고 영국 왕립경제학회(The Royal Economic Society)마저도 학회 차원에서 이 공개서한을 지지했다. 거의 유례가 없는 이 서한에서 학자들은 대처의 신자유주의 경제정책이 경제를 더 악화시킨다며 정책 변경을 요구했다. 특히 이들은 부가세 인상을 집중적으로 비판했다.

금융 규제의 대폭적인 완화도 비판을 받고 있다. 대처는 집권 직후부터 금융자유화를 단행했다. 금리 규제, 국제 자금 이동 규제, 해외 금융기관의 진출 규제, 금융기관의 업무 분야 규제 등 금융산업의 각종 규제를 과감하게 풀었다. 영국 경제를 회생시키기 위해서는 자국이 그래도 경쟁력이 있는 금융산업 분야에 집중할 필요가 있었다. 영국의 금융산업은 런던 안의 런던으로 '더시티'(The City)라 불린다. 19세기 말 해가 지지 않는 대제국을 거느렸던 영국이 지구의 1/4 정도를 식민지로 거느렸을 때 더시티는 세계의 돈이 몰리는 금융허브였다. 식민지들은 여기에서 자금을 조달했고 영국의 중산층들은 세계 어느 나라의 기업에도 투자할 수 있었다. 런던의 증권거래소에 식민지나 다른 나라의 주요 기업들이 상장되어 있었기 때문이었다. 영국은 제2차 세계대전 후 식민지를 잃었지만 런던은 여전히 글로벌 금융허브로서 기능했다. 집권 2기부터 단행할 국영기업의 민영화가 제대로 실행되려면 금융 산업의 규제완화가 사전 조치로 필요했다. 정부가 보유한 주식을 민간에 매각하려면 금융산업의 각종 규제가 철폐되어야 기관 투자가나 일반 시민들도 주식을 손쉽게 매입할 수 있었다.

집권 첫 해인 1979년에 해외 직접투자에 대한 모든 자본통제를 철폐하여 영국 기업들은 금액 여부에 관계없이 투자할 수 있었다. 또 영국 금융기관이나 기업들은 거의 제한 없이 외국의 주식 매입(포트폴리오 투자)를 할 수 있었다. 집권 2기인 1986년 금융서비스법(Financial Services Act: FSA)을 비준하여 '빅뱅'이라 불리는 대규모 금융 자유화를 실행했다. 주식 중개인 등 특정인들에게만 허용되었던 금융 거래가 영국과 해외 은행들에게도 허용되었다. 일반 상업은행뿐만 아니라 글로벌 투자은행도 이런 거래에 참여하여 영국은 금융허브로서 입지를 굳힐 수 있었다. 영국 주식시장에 자동화 가격고시가 도입되었고 주식 투자자가 지불하는 고정 수수료가 철회되어 그만큼 주식 거래가 활성화되었다.

이런 '빅뱅'은 2008년 글로벌 경제 위기와 직접적으로 이어졌다. 대처 정부에서 이 '빅뱅' 정책을 입안하고 실행한 나이젤 로슨(Nigel Lawson, 1983. 6~1989. 10 재무장관 재직) 전 재무장관은 2010년 2월 초 BBC 프로그램에 출연하여 대규모 금융자유화가 당시에는 의도하지 않았지만 2008년 글로벌 금융위기에 직접적으로 영향을 끼쳤다고 털어놓았다. 그는 빅뱅 이전에 투자에 신중했던 영국의 투자은행들이 상업은행을 인수합병해 덩치를 키우고 리스크가 높은 투자를 감행했다고 분석했다. 미국의 대규모 투자은행들도 경쟁에서 뒤지지 않기 위해서 영국의 예를 따랐다. 결국 투자은행들이 위험한 파생상품 등에 경쟁적으로 투자했고 이 상품의 연쇄적인 가격 하락이 2008년 글로벌 경제 위기를 초래했다는 것이다. 투자은행이 과도한 리스크를 부추겼고 정부의 감독은 규제완화로 이를 제어하지 못했다. 대처가 이 정책을 입안하고 실행할 때 로슨 재무장관이나 상당수 각료가 이를 지지했다. 주요 공약 사항의 하나였고 브리티시 텔레콤(British Telecom), 브리티시 가스(British Gas), 브리티시 에어웨이스(British Airways) 등 공기업 민영화를 무리 없이 추진하려면 주식시장을 활성화해야 했다. 은행과 같은 대규모 기관투자가들이 주식시장에 제한 없이 참여하고 증권 거래가 자동화되면 주식 거래가 급증했기 때문이었다.

배신의 정치, 그러나 자업자득

11년 넘게 승승장구하던 대처가 총리에서 물러나야만 했던 이유는 보수당이 그녀를 버렸기 때문이었다. 집권 2년차인 1981년부터 호전되던 경제가 1989년부터 하향세로 돌아섰다. 1988년 5%의 경제성장률로 정점을 찍은 영국 경제는 이듬해에 2%로 급락했고 1990년에는 1% 대로 떨어졌다. 그리고 신념의 정치가 지나쳐 독선적이며 제왕적인 총리가 되었다. 그녀를 적극 지지하고 따르던 장관들이 잇따라 정책 갈등을 벌이면서 문제가 커졌다.

기존의 보수당 지지자들조차 등을 돌리게 만든 것은 인두세였다. 원래 주택과 재산을 보유한 사람만이 지방세를 납부했었는데 이를 폐지하고 모든 사람에게 지방세를 거두었다. 지자체 예산의 2/3 정도를 지원하던 중앙정부는 지방 정부의 예산 확대를 막고 모두에게 평등한 과세라는 원칙을 내세웠고, 격렬한 반발에도 불구하고 1988년 7월부터 이 법을 시행했다. 그러나 일부 지역의 경우 절반 정도의 시민들이 납세를 거부했고 이 세금에 반대하는 시위가 곳곳에서 벌어지기도 했다. 1990년 3월 31일 토요일, 런던의 중심가에 있는 트라팔가 광장에서 약 20만 명이 모여 이 세금에 반대하며 격렬한 시위를 벌였다. 시위대들은 트라팔가 광장에서 시위를 시작하여 정부 관청이 있는 화이트홀(Whitehall)을 거쳐 총리 관저가 있는 다우닝가 10번가까지 평화적인 행진을 계속하다 저지하는 경찰과 충돌했다. 다음날 새벽까지 계속된 이 시위에서 1백여 명이 다쳤고 340여 명이 체포되었다. 일부 각료들은 이런 시위를 통해 표출된 민심을 읽고 매우 거센 조세저항을 감안해 정책의 일부 유예를 요구했으나 대처는 거부했다. 소득이 있는 사람이 조세를 납부하는 게 당연하고 이제까지 그녀의 정책이 보여주었듯이 조세 인상이 계층별로 매우 다른 부담을 주는데도 이를 무시했다. 당시 조사에 따르면 인두세 도입으로 가장 큰 손해를 본 사람은 하층 및 중산층으로 대처의 주요 지지층이었다. 보수당 의원들은 선거의 여왕이었던 그녀를 점차 선거의 패배 요인이 될 수 있다며 우려했다. 포클랜드 전쟁이나 탄광노조와의 1년에 걸친 싸움에서 민심을 정확하게 읽어 리더십을 발휘했던 대처였지만 장기 집권을 하면서 판단력이 흐려졌다.

1983년부터 6년 간 재무장관을 역임하며 대처주의를 뒷받침했던 나이젤 로슨이 1989년 10월 말 사임한 것도 대처의 제왕적 스타일을 보여주며 보수당 안에서 대처에 대한 반감을 키우는 원인이 되었다. 로슨과 외무장관 제프리 하우(Geoffrey Howe, 집권 1기 1979. 5~1983. 6 재무장관, 집권 2기 1983. 6~1989. 7 외무장관)는 물가 상승을 억제하는 정책으로서 유럽통화체제(European Monetary System: EMS)의 환율조정 메커니즘(ERM) 가입을 적극 주장했다.² 그러나 유럽 통합에서 정치가 아닌 시장 통합만을 원하던 대처는 이를 거부했다. 한 걸음 더 나가 대처의 경제 보좌관이던 앨런 월터스(Alan Walters)는 ERM 가입을 공개적으로 몇 차례 비판했다. 경제 보좌관은 당연히 총리의 견해를 지지하고 인식한 발언이었지만 그녀와 로슨 재무장관과의 갈등이 깊어졌다. 대처의 경제정책을 강력하게 뒷받침하며 정부 내 2인자였던 로슨은 대처에게 월터스 보좌관을 해임하던지 아니면 자신이 그만두겠다고 몇 차례 논쟁을 벌였으나 받아들여지지 않자 결국 사임했다. 인두세와 함께 대처의 리더십은 다시 한 번 상처를 입었다.

그녀를 물러나게 한 최후의 결정타는 하우의 사임 연설이었다. ERM과의 갈등으로 실권이 없는 부총리 겸 하원의장으로 물러난 그는(1989년 7월부터) 1990년 11월 13일 하원에서 사임사를 발표했다. 총리가 인두세를 비롯하여 ERM에 이르기까지 계속하여 정책을 잘

---

2   유럽경제공동체(EEC) 회원국들은 1979년 3월부터 EMS를 도입했다. 회원국의 통화 간 교환비율을 상하 2.25% 범위 이내로 제한하여 환율 안정성을 확보하고 회원국들이 협의하여 환율 조정을 가능하게 한 정책이다.

못 수행하고 있지만 각료와 정치적 동지로서 총리를 지지하는 게 맞다. 그러나 이런 잘못된 정책이 국가에 해가 된다며 두 충성심이 서로 충돌하고 있다고 발언했다. 이 연설 후 1주일 만에 보수당 총재 선거가 치러졌다. 대처는 1차에서 과반을 얻지 못해 2차까지 가서 끝까지 싸우겠다고 투쟁의 의지를 불태웠다. 그러나 보수당 몇몇 원로가 당내의 민심이 이반한 분위기를 전하며 대처에게 결선에서도 과반 확보가 어려우니 치욕을 당하기보다 물러날 것을 종용했다. 결국 3선을 하며 영국을 이끌었던 대처는 이처럼 자신의 당으로부터 배신을 당하기에 이르렀다.

대처와 오랫동안 함께 일한 동료 정치인들이 공통적으로 지적한 것은 그녀의 변화였다. 집권 초기 상당히 사려 깊고 신중했던 그녀가 총선에서 승리를 거듭하면서 점차 독선적이고 제왕적이 되었다. 자신만이 할 수 있었고 자신만이 옳다는 그녀의 이런 변화는 퇴직 후 가진 몇몇 언론과의 인터뷰에서도 분명하게 드러났다. 어떤 기자가 '1979년 노동당이 집권당이 되었더라도 결국 당신(대처 총리)의 정책과 유사한 정책을 실시할 수밖에 없지 않았겠느냐, 국민들이 노조의 지나친 권한에 불만을 가졌고 경제 회생을 원했다'는 취지의 질문을 던졌을 때 대처는 "말도 안 되는 소리"라며 자신만이 이런 개혁을 이룰 수 있었다고 불만에 가득 찬 답변을 늘어놓았다. 보수당이 그녀를 배신했지만 이런 배신을 불러온 것은 그녀의 정책 실패(인두세)와 판단력 부족, 제왕적 스타일이 겹쳤기 때문이었다.

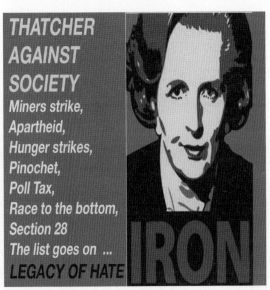

THATCHER
AGAINST
SOCIETY
Miners strike,
Apartheid,
Hunger strikes,
Pinochet,
Poll Tax,
Race to the bottom,
Section 28
The list goes on ...
LEGACY OF HATE
IRON

○ 대처의 유산을 증오의 유산이라며 혹평한 한 잡지의 표지
그림

사회를 변화시켰지만 분열시킨 대처

대처는 집권 11년 간 영국 사회에 변화를 몰고 왔다. 그러나 그녀의 정책은 영국 사회의 양극화를 초래했고 2008년 경제 위기를 유발했다. 유럽의 주요 선진국 가운데 영국이 계층 간 소득 격차가 가장 크다. 독일이나 프랑스, 이탈리아와 비교해 영국이 이처럼 소득 격차가 큰 것은 대처 때부터 본격적으로 실시한 감세와 각종 규제완화 때문이다. 영국의 소득 분배 정책은 유럽의 주요 국가와 비교해 그리 효과적이지 못하다. 대처 총리는 영국 경제를 회생하는데 큰

기여를 했다. 그러나 경제 회생을 위해 치른 대가도 이에 못지않게 크다. 성장을 중시하는 사람들은 대처의 리더십을 높이 평가하지만 분배, 그리고 사회적 합의를 우선하는 사람들은 대처에게 낮은 점수를 준다.

❍ 대처 사망 다음날 그의 고향집 앞에 있는 조화

영국인들은 대처를 좋아하던지 아니면 아주 싫어하던지 둘 중 하나였다. 2013년 4월 중순에 성대하게 국장으로 치러진 장례식에서 그녀를 대하는 극단적인 모습이 확연하게 드러났다. 당시 장례식은 360만 파운드(우리 돈으로 약 67억여 원 정도)가 들었고 윈스턴 처칠 이후 최대 규모였다. 그녀의 관이 웨스트민스터를 지나 세인트폴스 성당으로 운구 될 때 수백 명의 시민들이 국장에 반대하는 평화적인 시위를 벌였다. 이들은 '나라를 망친 대처에게 왜 엄청난 혈세를 낭비하느냐! '쓰레기 보수당,' '편히 잠들지 말고, 치욕 속에 잠들라' 는 피켓을 들고 시위를 벌였다. 최대 진보 일간지 《더 가디언》도 대처 의 업적을 인정했지만 그녀의 정책이 몰고 온 양극화를 지적했다. 대 처는 분명히 영국 사회의 변화를 일궈 낸 극소수의 지도자 가운데 한 사람이다. 최대의 위기였던 포클랜드 전쟁을 용기와 불굴의 의지, 정확한 판단력으로 승리를 이끌었다. 탄광노조와 영국 경제의 진로 를 두고 치렀던 1년간의 전쟁에서도 치밀한 준비와 소통, 판단력, 신 념으로 승리했다. 자신을 타깃으로 한 아일랜드공화국군(IRA, 북아일 랜드의 독립을 주장하며 영국을 대상으로 테러를 감행)의 테러에서 가까스 로 목숨을 건졌던 그녀였지만(1984년 10월 12일 대처가 보수당 전당대회로 체류 중이던 호텔에 IRA가 폭탄을 설치하여 테러를 자행) 국가의 안보를 위 해 기꺼이 나섰다. 1985년 11월 15일 아일랜드와 체결한 영국-아일 랜드 협정으로 아일랜드 정부는 IRA의 불법적인 월경과 테러 훈련 등을 금지하기로 약속했다. 이처럼 그녀는 국가 안보의 증진이라는 더 큰 목표를 위해 테러리스트나 이를 지원하는 정부와 협상하지 않 는다는 신념을 버리기까지 했다. 그러나 대처는 분열된 사회를 치유 한다는 통합의 리더십을 갖추지 못했다. 그녀는 분명히 보수당의 총 리였지만 영국의 총리였다. 자신의 지지자뿐만 아니라 반대자들에게 도 좀 더 다가가는 총리가 되어야 했다. 그러나 그녀는 그런 노력조 차 하지 않았다. 이것이 대처 리더십의 가장 큰 한계다.

✿ 연표

1925년 10월 13일 영국 중서부 소도시 그랜섬(Grantham) 출생.

1943년 9월 옥스퍼드대학교 서머빌칼리지(Somerville College) 입학 및 졸업(1947).

1950년 2월 중부 다트포드(Dartford)시 보수당 후보로 하원선거에 출마, 패배.

1951년 12월 부유한 사업가 데니스 대처(Denis Thatcher)와 결혼.

1959년 10월 총선에서 런던 핀칠리(Finchley) 지역구 보수당 후보로 출마, 하원에 진출.

1960년 10월 연금국민보험부 차관으로 첫 입각.

1964년 10월 총선서 보수당 패배.

1970년 6월 총선서 보수당 승리, 교육과학부 장관.

1975년 2월 여성으로서는 역사상 최초로 보수당 총재로 취임.

1979년 5월 총선서 승리, 역사상 최초로 여성 총리가 됨.

1987년 6월 총선서 승리(1983년 승리에 이어 3번 연속).

1989년 10월 나이젤 로슨(Nigel Lawson) 재무장관 사임.

1990년 11월 13일 제프리 하우(Geoffrey Howe) 하원의장 사임.

1990년 11월 20일 보수당 당권 1차 경쟁에서 과반을 얻지 못함.

1990년 11월 28일 총리직에서 사임.

2013년 4월 8일 사망.

❀ 참고문헌

Thatcher, Margaret. *Downing Street Years*. London: HarperCollins, 1993 – 집권 11년간의 기록.

Thatcher, Margaret. *The Path to Power*. London: HarperCollins, 1995 – 어린 시절부터 집권에 이르기까지의 여정 기록.

Campbell, John. *Margaret Thatcher*, Volume One: The Grocer's Daughter. London: Jonathan Cape, 2000.

김영세. "영국대처 정부의 경제개혁과 함의," 『유럽연구』 제25권 3호(2007), pp. 213 –236.

박지향.『중간은 없다: 마거릿 대처의 생애와 정치』(서울: 기파랑, 2007).

박동운.『대처리즘: 자유시장경제의 위대한 승리』(서울: FKI 미디어, 2005).

안병억. "여성드골: 마거릿 대처," 통합유럽연구회 편『인물로 보는 유럽 통합사』(서울: 책과 함께, 2010), pp. 364 –368.

안병억. "유럽 통합과 영독 관계: 단일유럽의정서 협상과정을 중심으로," 『유럽연구』 제24권(2006), pp. 105 –130.

양오석. "1980년대 영국정부의 금융규제 정책변화에 대한 미국의 영향력 행사 경로에 대한 비판적 검토: 내부적 동인을 중심으로,"『국제지역연구』, 8권 1호(2004), pp. 1 –23.

영화 〈철의 여인〉(Iron Lady) – 2013년 개봉. 팔순 가까이 된 대처가 집에서 남편 데니스와 함께 지내며 주요 사건을 회고하는 식으로 영화가 구성되어 있다. 제2차 세계대전이 발발하여 방공호에서 가족과 대피하는 장면, 낙선하여 실망하지만 남편 데니스와 결혼하는 장면, 아이들과 휴가를 즐기는 모습, 1975년 보수당 총재 후보로 출마하여 선거 유세, 총리 취임 및 포클랜드 전쟁, 광부들과의 1년여 간 투쟁, 1990년 당 대표 경선과 퇴임 모습 등이 담겨져 있다.

Lawson, Nigel. The View from No.11: *Memoirs of a Tory Radical*. London:
　　Biteback Publishing, 2010 － 대처의 집권 2~3기에 재무장관을
　　역임한 나이젤 로슨은 대처주의의 입안과 실행에 깊숙하게 관여했
　　다. 그는 점차 제왕적 스타일로 변모해가는 대처와 각료들의 갈등을
　　상세하게, 그리고 객관적으로 묘사하고 있다.

Howe, Geoffrey. *Conflict of Loyalty*. London: Pan Books, 1995 : 대처의 집
　　권 1기부터 각료로 참여했고 1990년 11월 하원에서 충성의 갈등
　　연설로 대처의 몰락을 재촉한 제프리 하우도 역시 대처주의의 공
　　과, 대처의 스타일 변화를 담담하게 적었다.

Willy Brandt

빌리 브란트, 박상준(한국외국어대학교)

3장
시류에 맞서 비전을 제시한 변혁적 리더

인간은 '상황의 장난감'이나 '역사의 노예'가 되는 것에서 얼마나 자유로울 수 있을까? 카를 마르크스(Karl Marx)는 『루이 보나파르트의 브뤼메르 18일(*Der achtzehnte Brumaire des Louis Bonaparte*)』에서, "인간은 자신의 역사를 만들어 가지만, 그들이 바라는 꼭 그대로 만드는 것은 아니다. 인간은 스스로 선택한 환경 속에서가 아니라 이미

존재하고 주어진 물려받은 환경 속에서 역사를 만들어 간다"고 주장한다. 역사는 이미 죽은 세대들의 전통이라는 악몽이 현재를 살아가는 사람들의 머리를 짓누르는 상황에서 만들어지는 것이다. 따라서 인간은 새로운 역사를 만들어가는 그 시기에서도 과거의 망령들을 마법적 언어로 불러내면서 역사의 새로운 장면을 연출하게 된다. 하지만 이러한 방식으로는 진정 새로운 시대를 열어갈 수 없다. 진정 새로운 것을 발명하기 위해서는 "과거와 관련되어 있는 모든 미신을 벗어버리고 … 그 자체의 독특한 내용을 얻기 위해 죽은 자들로 하여금 자신들의 시신을 스스로 묻어버리도록 해야 한다."

이를 리더십이라는 맥락에서 본다면 미국의 철학자 시드니 훅(Sindney Hook)이 '사건(event)에 묻혀 사는 사람'과 '사건을 만드는 사람'을 구분한 것과 동일한 의미이다. 그는 역사적인 상황에 처했지만 그 역사의 경로를 결정하는 데 별다른 역할을 하지 못하는 '사건에 묻혀 사는 사람'과 그의 행동이 아니었다면 추후에 역사가 전개되는 방향이 아주 달라졌을 '사건을 만드는 사람'을 구분한다. '사건을 만드는 사람'은 역사적 상황에서 주어진 길을 가지 않고 스스로 그것을 창조하는 사람이다. 그러한 의미에서 우리는 역사가 흘러가는 방향을 전면적으로 변화시키는 사람을 미국의 정치학자 제임스 맥그리거 번스(James MacGregor Burns)가 정의한 '변혁적 리더(transforming leader)'라고 말할 수 있다. 변혁적 리더는 '있는 그대로가 아니라 가능할 법한 것을 사유하는 비전(Vision)'을 통해 변화를 추구한다. 비전이 없다면 사람들의 변화를 이끌어내기 힘들다.

이러한 의미에서 빌리 브란트(Willy Brandt)는 변혁적 리더에 가까운 사람이다. 빌리 브란트는 그가 살았던 시대를 상징하는 인물이었다. 그는 동독과 서독을 화해시켰으며, 독일과 세계와의 관계를 근본적으로 변화시켰다. 그는 독일 통일과 유럽의 평화뿐만 아니라 세계 평화를 위해 항상 현실에 바탕을 두면서도 기존의 방식에 안주하지 않고 새로운 비전을 제시하고 행동으로 보여주었다. 더 나아가 그는 비전을 실현하기 위해 같이 일하는 사람들과 언제나 열린 자세로 소통했다. 그렇게 함으로써 그는 새로운 역사를 만들었다. 이러한 맥락에서 페터 메르제부르거(Peter Merseburger)는 빌리 브란트를 '비전을 제시하는 자이자 현실주의자(Visionär und Realist)'라고 평가했다.

이전에 함께 속했던 것이 이제는 같이 성장하는구나

빌리 브란트는 베를린 장벽이 세워지던 냉전의 정점에서 그 냉전의 끝을 예견했고 자신의 정치적 판단이 적중하는 것을 살아서 본 드문 리더였다. 베를린 장벽은 1989년 11월 9일에 갑자기 붕괴되었다. 독일 분단과 냉전의 상징이었던 베를린 장벽의 붕괴는 20년 전 동방정책을 통해 독일 통일과 유럽의 평화를 염원했던 빌리 브란트의 비전이 현실화되는 역사적 사건이었다. 빌리 브란트는 이미 1969년 10월 21일 서독의 제4대 총리로 취임하면서 "비록 독일에는 두 개의 국가가 존재하지만, 두 국가는 서로에게 다른 국가가 아닙니다. 두 국가 간의 관계는 아주 특별한 방식으로 접근되어야 합니다"라는 당시의 시류와 부합하지 않는 파격적인 제안을 했다. 그의 제안은 '괴뢰집단인 동독을 국가로 인정한다는 것은 분단을 고착화하는 것이자 공산주의에 굴복하는 것'이라는 서독 내 거센 비난에 직면하게 된다. 하지만 빌리 브란트는 격렬한 반대 여론에도 자신의 생각을 굽히지 않고 '접근을 통한 변화(Wandel durch Annäherung)'로 상징되는 동방정책을 적극적으로 실행했다.

베를린 장벽의 붕괴는 서베를린의 시장으로 역임하면서 1961년 '베를린 위기'를 경험했던 그에게 남다른 의미가 있었다. 나중에 빌리 브란트는 "1961년 8월로 되돌아갔다. 어떤 길을 우리가 걸어왔던가! 우리는 그 장벽이 철거되어야만 한다고 고함치는 데 만족하지 않은 채, 우리와 다른 이들에게 말해 왔다. 그 장벽에도 불구하고 베를린은 계속 존재해야 하며, 또 우리 민족을 결합시켜야 하며, 또한 유럽에 대한 의무에도 일익을 담당해야 한다고-수차례에 걸친 심화된 분단에도 불구하고"라고 당시의 감회에 대해 진술하게 말했다.

빌리 브란트의 아내인 브리기테 제바허-브란트(Brigitte Seebacher-Brandt)는 1989년 11월 10일 새벽에 일어난 일을 생생히 기억하고 있었다. 전날 저녁 연방의회는 동독이 여행금지를 해제했다는 소식 때문에 회의를 중단했다. 그리고 빌리 브란트 집의 전화벨이 새벽 4시에 울리기 시작했다. 그녀는 잠에 취한 채 수화기를 집어 들었다. 한 기자가 전화를 했다. 1961년 8월 서독 시민들이 경찰의 저지를 뚫고 동독의 장벽 건설을 저지하려고 돌진하려 했을 때 빌리 브란트가 서베를린의 시장이었다고 그 기자는 말해 주었다. 그녀는 갑자기 잠에서 확 깨어나 급히 남편에게 수화기를 갖다 주었다. 이 기자는 빌

❍ 베를린 브란데부르크 문 앞에 있는 빌리 브란트, 1989년 11월 10일(독일 사민당 홍보물)

리 브란트에게 차분히 베를린에서 일어나는 일을 이야기해주었다. 몇 시간 후 빌리 브란트는 베를린으로 가고 있었다. 빌리 브란트는 비행기 안에서 예전에 손으로 쪽지에 적었던 한 문장을 고쳐 적었다. "이전에 함께 속해 있던 것이 이제는 같이 성장하는구나"라는 문구를.

빌리 브란트가 도착하기 이전에 이미 서독과 동독의 수많은 시민들이 베를린 장벽의 붕괴를 축하하기 위해 쇠네베르크 시청 앞으로 모여들었다. 쇠네베르크 구청으로 사용되다가 분단 이후 서베를린 시청이 된 그 건물은 오랫동안 서베를린 시장을 지낸 빌리 브란트에게는 잊을 수 없는 장소였다. 또한 그 건물은 베를린에 위기가 감돌던 1963년 존 F. 케네디(John F. Kennedy) 미국 대통령이 방문해 "나는 베를린 시민입니다!"라고 외친 장소이기도 했다. 그 역사의 현장에 모인 시민들은 독일 통일의 초석을 마련한 20년 전 독일 총리의 이름을 외쳤다. 빌리 브란트는 베를린 시민에게 다음과 같은 메시지를 전달했다.

"오늘은 긴 여정 후의 아름다운 날입니다. 그러나 우리는 겨우 중간 역에 도착했을 뿐입니다. 우리는 이 여정의 끝에 아직 도달하지 못했습니다. 우리 앞에는 아직 많은 것들이 놓여 있습니다. 이제부터는 많은 것이 이쪽과 저쪽의 우리 독일인이 역사적 상황 속에서 성숙해간다는 것을 보여줄 수 있는가 없는가에 달려 있습니다. 우리 독일인이 서로 가까워지는 것, 바로 그것이 문제입니다."

베를린 장벽은 1989년 11월에 무너진 것이 아니라 1969년 10월 빌리 브란트 총리 취임부터 조금씩 균열이 가고 있었던 것일지도 모른다. 상대방을 인정하고 공존과 화해를 바탕으로 독일 통일과 유럽의 평화를 위해 커다란 첫걸음을 내딛었던 그의 비전이 20년의 시간을 초월하여 현실화되었던 것이다. 어쩌면 나약하고 고독한 한 인간이 '우리가 가는 여정의 목표를 내다보고 있었던 것'이다.

모두를 위한 한 사람, 화해와 참회의 '바르샤바 무릎 꿇기'

빌리 브란트가 자신이 행한 여러 정책 가운데 가장 성공적인 정책이라고 스스로 평가했던 것은 바로 동방정책이었다. 동방정책의 상징적인 출발점이 '바르샤바 무릎 꿇기'였다. 1970년 12월 7일 폴란드를 방문한 빌리 브란트는 음산한 잿빛의 고층건물에 둘러싸인 바르샤바의 유대인 추모비 앞에서 두 무릎을 꿇었다. 아무도 예상하지 못한 갑작스런 일이었다. 비까지 내려 축축하게 젖은 아스팔트 바닥에 무릎을 꿇고 고개를 숙인 채 마주 잡은 손을 응시하면서 10초, 20초, 30초 … 억울하게 죽어간 희생자들을 추모했다. 빌리 브란트가 무릎을 꿇었던 그곳은 히틀러의 하수인들이 40만 명을 집어넣고 그들을 죽음의 수용소로 끌고 갔거나 그곳에서 살해했던 지옥의 장소였다.

"이 사람 도대체 어디 있어요? 쓰려졌나요?" 뒷줄에서 취재하던

○ 바르샤바 유대인 추모비 앞에서 무릎을 꿇고 있는 빌리 브란트, 1970년 12월 7일

기자들이 정신없이 앞으로 밀치고 들어왔다. 빌리 브란트가 갑자기 무릎을 꿇자, 기자들은 처음에는 그가 기절한 것이 아닌지 오해했다. 사진기자들은 세기의 장면을 놓치지 않기 위해 황급히 카메라 셔터를 눌러댔다. 그는 마치 시간이 정지된 것처럼 느껴지는 30초가 흐른 뒤에 주위에서 내민 손을 마다한 채 혼자 일어섰다. 그리고 그는 천천히 일행이 있는 쪽으로 걸어갔다.

빌리 브란트 또한 이 장소에 오기 2시간 전에도 자신이 무릎을 꿇으리라는 것을 예상하지 못했다.

"나는 바르샤바 유대인 강제 거주 지역에서 죽은 이들의 기념비 앞에 무릎을 꿇었다. 연방공화국 내의 악의적 논평에도 불구하고, 나는 그렇게 한 것을 수치스럽게 여기지 않는다. 세계적인 관심을 불러일으킨 그 몸짓은 계획적인 것이 아니다. … 나는 그저 사람들이 언어로 표현하는 것이 불가능할 때 할 수 있는 것을 했을 뿐이다. 나는 살해당한 수백만 사람들에 머물지 않고, 아우슈비츠는 물론 아직도 남아있는 광신주의와 인권 억압에 대해서도 생각했다. 나의 몸짓은 그것을 이해하려는 사람들에게는 알기 쉬운 것이었고, 그런 사람들은 독일 국내외에 많이 있었다."

빌리 브란트의 회고처럼 모두에게 놀라웠던 것은 그의 행동이 사전에 계획되거나 연출된 것이 아니라는 사실이다. 그 파괴와 살육의 현장에서 빌리 브란트는 헌화를 하고 고개를 숙이는 것만으로는 부족하다고 진심으로 느꼈던 것이다. 비극적 역사의 무게와 가해국의 책임을 인정하고 감당하려는 그의 용기는 외교적 수사나 정치적 꼼수와는 애초부터 달랐다. 그의 즉흥적이고 진정성 어린 참회의 몸짓은 많은 사람들의 마음을 움직였다. 그리고 나서 빌리 브란트는 폴란드 총리와 함께 다음 행선지로 이동하기 위해 자동차에 올랐고 아무런 대화 없이 침묵의 시간이 얼마간 지나갔다. 갑자기 폴란드 총리는 빌리 브란트의 목을 감싸고 큰 소리로 엉엉 울었다. 어떤 가식도 없는 순수한 '참회'가 빛을 발하는 순간이었다.

이제는 '하나의 역사'가 되어버린 이 장면은 현장에서 지켜보던 사람들이나 타전된 사진을 본 사람들 모두에게 큰 감동을 주었다. 동행했던 《슈피겔(Spiegel)》지 기자는 그가 받은 감동을 다음과 같이 썼다. "범죄에 책임이 없는 자임에도 거기에 있는 이 사람은 걸음을 재촉하며 바르샤바의 옛 게토로 갔고, 그곳에서 무릎을 꿇었다. 그는 자기 자신 때문에 무릎을 꿇은 것이 아니었다. 그는 그럴 필요가 없었지만, 그래야 하는데도 감히 시도하지 않았거나 시도조차 할 수 없기에 무릎 꿇지 않았던 모든 이들을 위해 무릎을 꿇었다. 그는 스스로 책임질 필요 없는 죄에 대해서 고백했고, 스스로 필요치도 않은 참회를 구했다. 그는 독일을 위해 무릎을 꿇었다." 빌리 브란트의 핵심 측근으로 활동한 동방정책의 설계자인 에곤 바(Egon Bahr) 또한 "그의 행동은 역사적 죄과에서 자유로운 한 사람이 자기 민족의 잘못을 고백한 것"이라고 평가했다. 사실 빌리 브란트는 나치 체제에 저항하기 위해 목숨을 걸고 싸웠던 인물이었다.

바르샤바 무릎 꿇기 장면은 독일에게 망령처럼 남아 있던 '나치'라는 과거, 특히 '홀로코스트'라는 참혹한 과거에 대해 진심으로 용서를 구하는 '독일의 이미지'로 받아들여졌다. 세계 언론들은 이 사죄를 "무릎을 꿇은 것은 한 사람이었지만 일어선 것은 독일 전체였다"라고 평가했다. 이것은 독일 통일 프로젝트, 더 나아가 유럽 전체의 평화와 통합을 향한 상징적 출발점이었다.

그런데 세계 언론의 폭발적인 호응에도 불구하고 서독 내 반응은 신통치 않았다. 공감하는 비율이 41%나 되었지만, 과장되고 불필요한 행동이라며 비판하는 목소리 또한 48%에 달했다. 연령별로는 전쟁을 경험했던 30살에서 59살까지의 청장년층이 가장 비판적이었다. 그들 가운데 58%는 총리의 행동이 과장된 행동, 즉 '정치적 쇼'라고 폄하했다. 더 나아가 보수적인 정치적 반대자들은 바르샤바 무릎 꿇기를 '바르샤바 굴욕'이라고 비아냥거리기도 했다. 하지만 이런 냉담한 반응은 이미 예상된 것이었다. 빌리 브란트는 자신의 행위가 서독 내에서 충분히 지지와 공감을 얻지 못할 것임을 예견하고 있었다.

왜냐하면 오더-나이세 국경(Oder-Neiße Linie) 인정으로 상징되는 빌리 브란트의 정치는 바르샤바 방문 전부터 이미 거센 비난에 시달렸기 때문이다. 오더-나이세 국경을 인정한다는 것은 독일이 잃어버린 동부 지역을 포기해야 한다는 것을 의미했다. 제2차 세계대전 이후 폴란드는 소련에게 폴란드 동부를 양보하는 대신 오더-나이세 강에 이르는 서부 지역을 새로 얻었다. 폴란드 동부에서 그곳으로 폴란드인들의 대규모 이동이 이루어졌고, 동시에 그 지역에 살던 수백만 명의 독일인들은 강제추방을 당했다. 독일인들, 더 정확히는 '폴란드-독일인들'에게 폴란드에 편입된 영토들은 수백 년 동안 그들의 고향이었다. 그렇기 때문에 반대의 물결 또한 엄청난 것이었다.

빌리 브란트의 바르샤바 방문에 동행했던 『독일어 시간(Deutsch-tunde)』의 작가 지크프리트 렌츠(Siegfried Lenz)는 출발 전에 쾨니히스베르크 출신의 독자로부터 항의 서한을 받았다. 심지어 그는 고향과 민족을 배신할 경우 죽여 버리겠다는 위협까지 받으면서 바르샤바로 떠났다. 제2차 세계대전 이후 이 지역에서 쫓겨난 실향민들은 서구의 지원을 받아 잃어버린 고향을 다시 찾는 것이 가능하리라는 환상 속에 살았다. 당시 실향민 단체 부총재는 "무릎 꿇은 총리의 모습을 보니 기분이 좋지 않았다. 외국에서 그렇게 행동하는 것은 국제관례에도 맞지 않는다"라고 비판했다.

그럼에도 불구하고 빌리 브란트는 자신의 돌발행동을 통해 그의 정책을 지지했던 사람들에게 그들의 선택이 옳았음을 보여주는 메시지를, 그리고 반대자들에게는 인식의 전환을 촉구하는 메시지를 보내고 싶었는지도 모른다. 바로 이러한 행동이야말로 가장 빌리 브란트다운 것이었다. 빌리 브란트의 행동은 과거의 고리를 끊고 미래를 향한 비전을 행동으로 보여준 것이었다. 심지어 빌리 브란트의 사회민주주의 노선을 격렬하게 비판했던 에르네스트 만델(Ernest Mandel)과 같은 혁명적 사회주의자도 동방정책에 대해서만큼은 "독일에서 파시즘의 부활을 저지하는 강력한 제방을 쌓은 업적"으로 높이 평가했다. 더 나아가 세계 모든 국가들은 비로소 전쟁국가가 아닌 평화국가로서 독일을 인정하기 시작했다.

'사생아, 배신자'라는 주홍글씨와 '자기존중'

빌리 브란트처럼 독일인의 감정을 양극단으로 몰고 간 총리는 없었다. 그를 따르는 사람들은 그를 경외하며 사랑했지만, 정치적 반대자들에게 그는 철천지원수였다. 그리고 정치적 반대자들에게 빌리 브란트의 태생과 나치 저항 당시의 행보는 언제나 그를 궁지를 몰고

가기 위한 단골 메뉴였다.

　기민당(Christlich Demokratische Union: CDU)과 기사당(Christlich Soziale Union: CSU)은 1950년대와 1960년대 내내 빌리 브란트의 불행한 유년시절과 나치 저항 당시의 행보를 들추면서 그를 고통스럽게 했다. 베를린 장벽이 세워지던 날, 총리라는 직책에 있으면서도 선거유세를 이유로 베를린에 얼굴조차 내밀지 않았던 콘라트 아데나워(Konrad Adenauer)는 그 다음 날 뮌헨 근처 레겐스부르크에서 "정적들이 조심스럽게 다루어야 할 사람이 있습니다. 바로 브란트 혹은 프람(Frahm)입니다"라며 빌리 브란트를 비꼬았다. 이는 빌리 브란트가 사생아라는 점에 초점을 맞추어 모욕을 주려는 의도였다. 기사당 총재 프란츠 요제프 슈트라우스(Franz Josef Strauß)도 1961년 2월 빌스호펜에서 "우리는 여기에서 우리가 한 일을 알고 있습니다. 당신은 12년간 해외에서 도대체 무엇을 했습니까"라고 빌리 브란트의 과거를 선거전의 표적으로 삼았다. 1965년 연방의회 선거에서는 기민당-기사당 선거벽보에 "브란트는 1943년 어디에 있었습니까? 안전한 곳에 있었습니다"라고 빌리 브란트를 비방하는 문구가 쓰여 있었다. 이는 빌리 브란트가 나치의 박해를 피해 12년간 노르웨이를 비롯한 해외에서 정치적 망명자로 떠돌아야 했던 시기를 문제 삼은 것이다. 그런데 아이러니하게도 이러한 비난을 주도했던 당시 기민당-기사당의 주요 정치인들은 과거 나치에 적극적으로 참여했던 인물들이었다.

　빌리 브란트는 사생아였다. 그는 1913년 12월 18일 독일의 북부 도시 뤼벡에서 역시 사생아인 그의 어머니 마르타 프람(Martha

Frahm)의 아들로 태어나 외할아버지인 루트비히 프람(Ludwig Frahm) 손에서 자랐다. 그의 본명은 헤르베르트 에른스트 칼 프람(Herbert Ernst Karl Frahm)이었는데, 이는 어머니의 성을 따른 것이다. 우리가 알고 있는 '빌리 브란트'란 이름은 나치의 탄압을 피하기 위해 사용한 가명으로 1948년 독일로 귀국하면서 정식으로 바꾼 것이다.

자신의 생부를 둘러싼 불명료성은 평생 그를 괴롭혔다. 빌리 브란트에게 사생아라는 출생 배경은 개인적인 결핍뿐만 아니라 정치가로서의 삶을 옥죄는 주홍글씨였다. 비록 그가 출생 배경을 의식적으로 감추지 않았지만 '시민적 도덕과 품위'를 내세우던 수많은 보수적인 정치적 반대자들뿐만 아니라 언론의 조롱과 멸시를 감내해야만 했다.

한편 빌리 브란트는 어린 시절 어머니와 외할아버지로부터 사회주의 노동운동을 접하게 된다. 두 사람 모두 열렬한 사민당(Sozialde-mokratische Partei: SPD) 지지자였다. 빌리 브란트는 외할아버지에 대해 1960년에, 그리고 1982년에 조금 달라진 형식으로 '유년의 경험 중 가장 기억에 남는 것'에 대해 이야기했다. 1921년 뤼벡에서는 노동자들의 파업이 자주 발생했고, 이는 직장폐쇄로 이어졌다. 그로 인해 빌리 브란트 가족의 생계도 막막해졌다. 어느 날 8살의 어린 빌리 브란트는 빵집의 진열대를 뚫어지게 바라보고 있었다. 그때 드레거 공장의 감독관 중 한명이 그를 발견하고 빵 두 덩어리를 사준다. 소년이 집에 돌아와 그 귀중한 선물을 자랑스럽게 펼쳐놓자 외할아버지는 놀랍게도 그 빵을 도로 가져다주라고 그에게 요구한다. "선물이라고! 파업 노동자는 고용주로부터 어떤 선물도 받지 않는 거야.

우리는 적들로부터 매수당해서는 안 돼! 우리 노동자들은 사람들이 적선으로 달래는 거지가 아니란다. 우리는 우리의 권리를 원하지 선물을 원하는 게 아니야. 그 빵은 다시 갖다 줘라, 당장!"

이러한 분위기 속에서 빌리 브란트는 자연스럽게 1930년 18살이라는 최소 연령 제한에 아직 이르지 못했음에도 사민당에 입당했고, 사민당의 재정 후원으로 인문계 고등학교를 졸업했다. 빌리 브란트는 이미 오래 전부터 정치 참여적이었다. 친구들은 그를 '정치가'라고 불렀고, 그는 자유로운 시간의 대부분을 사회주의 청년운동에 쏟고 있었다.

하지만 빌리 브란트는 사민당이 혁명성을 상실했고 나치의 부상에 능동적으로 대응하지 못한다고 판단하여 1931년 10월 사민당을 탈퇴한다. 그리고 빌리 브란트는 같은 해 말 사민당보다는 더 급진적인 독일사회주의노동자당(Sozialistische Arbeiterpartei Deutschland: SAP)에 입당한다. 1933년 히틀러는 정치활동의 자유를 제한하기 시작했으며, 그 과정에서 독일사회주의노동자당의 활동도 금지되었다. 1933년 3월 11일과 12일 양일간 60명의 대표가 드레스덴 근교의 한 주점에서 모임을 갖고 독일사회주의노동자당의 활동을 지하에서 비합법적으로 지속하기로 결의했다. 그들 가운데 빌리 브란트도 포함되어 있었고, 이때 그는 처음으로 위장을 위해 '빌리 브란트'라는 독일에서 가장 흔한 이름을 사용한다. 빌리 브란트는 당국의 습격이 임박했다는 소식에 덴마크를 거쳐 노르웨이로 생각했던 것보다는 훨씬 긴 12년간의 망명길에 올랐다. 1938년 나치가 빌리 브란트의 국적을 박탈했고, 곧바로 노르웨이가 나치의 점령 하에 들어갔기 때문에,

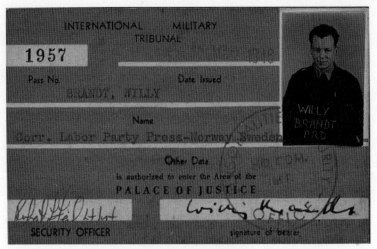

◉ 빌리 브란트의 뉘른베르크 재판소 출입 기자증, 1946년

또다시 스웨덴으로 이주한 그는 노르웨이 국적을 취득해 노르웨이 군인으로서 나치 저항 투쟁에 돌입했다.

그런데 빌리 브란트가 1933년부터 1945년까지 나치 독일을 떠나 북유럽의 망명객으로 지냈던 사실은 1945년 이후 상당기간 그를 주변인으로 내몰았고, 심지어 '조국의 배신자'라는 이미지를 만들었다. 어려운 시절 조국을 버리고 해외에서 지냈던 빌리 브란트의 삶을 전후 독일인들은 쉽게 받아들일 수 없었다. 특히 노르웨이 군복을 입고 나타났던 빌리 브란트는 무엇보다 '낯선 사람'이었다. 이러한 분위기는 빌리 브란트가 계급혁명 노선을 버리고 1944년 다시 복귀했던 사민당 내에서도 다르지 않았다. 사민당도 선거에서의 성공을 위해 과거청산과 관련하여 기회주의적 태도가 만연했고, 나치 전범을 오히려 적극적으로 변호하기도 했다. 이러한 상황에서 빌리 브란트는 자신의 나치 저항 투쟁 경력을 변호하기조차 힘들었다.

오히려 기민당–기사당은 빌리 브란트가 노르웨이 군인으로서 독일에 대항했던 사실을 부각시키면서 "독일 민족으로서의 민족감정의 결여"를 헐뜯었다. 특히 1960년대 빌리 브란트를 비아냥거렸던 슈트라우스는 나치 장교였던 부끄러운 과거를 감추면서 그렇게 말했던 것이다. 그럼에도 불구하고 이러한 비이성적인 흠집 잡기는 1961년과 1965년 총선에서 사민당 총리 후보로 나섰던 빌리 브란트를 좌절시키는데 큰 기여를 했다. 심지어 빌리 브란트가 총리로 선출되었던 1969년에도 이러한 분위기는 여전했다. 총리 인준투표에서 나온 기권표 가운데 하나는 "불쌍한 독일, 프랄은 아닙니다"라는 말이 적혀 있었다. 왜냐하면 당시 곰팡이내 나는 독일의 보수적인 분위기는 여전히 빌리 브란트에게 사생아와 배신자라는 주홍글씨를 뒤집어씌울 수 있게 만들었기 때문이다.

빌리 브란트는 이러한 온갖 비아냥거림과 정도를 벗어난 비난을 극복하고 1969년 10월 21일에 바이마르 공화국 이래 처음으로 사회민주주의자로서 독일 총리가 된 것이다. 당시 아데나워와 루트비히 에르하르트(Ludwig Erhard) 시절의 보수주의와 거리를 두고 있었던 작가, 지식인, 학자, 기자 등은 이를 하나의 역사적 분기점이라고 평가했다. 사생아로 태어나 나치를 피해 망명했던 빌리 브란트가 정부의 수반이 된다는 것은 그들에게 있어 가슴 설레는 사건이었다. 빌리 브란트의 지지자들은 1969년이야말로 1945년 당시 얼렁뚱땅 아무렇게나 황급히 재건한 것과는 달리 '제대로 된 재건'을 할 기회라는 점에서 '제2의 0시(Stunde Null)'[독일인들은 1945년을 0시라고 부른다)라고 믿었다.

1972년 노벨 문학상을 수상한 하인리히 뵐(Heinrich Boell)은 빌리 브란트의 총리 선출을 다음과 같이 묘사했다.

"빌리 브란트의 생애는 동화 속에서나 나오는 꿈이 실현된 것 같은 신화의 소재를 제공하고 있다. 1969년에 총리가 된 사람은 뮌헨 출신의 번듯한 집안에서 태어나 억척스런 가톨릭 신자가 아니라, 어리석은 원죄로 인해 태어난 흠을 가진 주제에 사회주의자가 되어 망명까지 했으니 부르주아 사회의 눈으로 보면 미운 털북숭이인 뤼벡 출신 사생아 헤르베르트 프람(Herbert Frahm)이었다."

한편 빌리 브란트는 독일로부터의 도피를 어떻게 평가하고 있는가? 그는 도피 또한 하나의 패배라고 생각했다. 따라서 그것은 빌리 브란트의 삶에 있어 커다란 첫 번째 패배였다. 그는 망명 당시를 회고하면서 "도덕적으로 끔찍한 것의 외연을 단 한 번도 분명히 할 수 없었기 때문에 실패한 운동에 속했던 자로서 자신은 망명을 떠났다"고 고백했다. 50년이 지난 뒤에도 여전히 빌리 브란트가 이런 생각을 하고 있다는 것은 이 이른 좌절이 평생 동안 얼마나 그를 붙잡고 있었던가를 보여준다. 그럼에도 불구하고 그는 신념에 기반을 둔 '자기 존중'의 원칙을 확고히 하면서 자신뿐만 아니라 자신을 비난하는 사람들에게 투쟁 없이 굴복하는 것이 아니라 오히려 '시류를 거슬러' 대항하고자 했다. 그레고어 쉴겐(Gregor Schöllgen)에 의하면, '자기존

중'은 일생 동안 여러 번 패배한 빌리 브란트의 원칙이었다.

삼수 끝에 총리 취임, 연정을 선택한 결단력

비록 빌리 브란트가 총리로서 재임한 기간은 1969년 10월부터 1974년 5월까지 불과 4년 반이었지만, 그는 독일의 이미지를 나치와 전쟁에서 화해와 평화의 상징으로 바꾸어 놓았다. 그렇기에 짧은 재임 기간에도 불구하고 그 시기를 '빌리 브란트 시대'라고 부른다. 빌리 브란트 시대는 극적인 승리와 연정을 선택한 그의 결단력에서 시작되었다. 새로운 시대는 선거 당일의 극적인 사건과 함께 시작되었다. 1969년 9월 28일에 실시된 제6대 연방의회 선거는 86.7%의 높은 투표율을 기록했고, 그 어떤 선거보다 높은 관심 속에서 치러졌다. 첫 출구조사는 기민당-기사당의 승리를 예측했다. 기민당-기사당은 사민당을 앞질렀으며 퍼센트로 보았을 때 거의 절대 과반수에 접근하고 있었다.

쿠르트 게오르크 키징거(Kurt Georg Kiesinger)는 미소를 지은 채 자신의 재선을 확신하고 있었다. TV 화면에는 승리를 확신하는 키징거와 득의만만한 표정의 라이너 바르첼(Reiner Barzel)이 비쳐지고 있었다. 뒤이어 리차드 닉슨(Richard Nixon) 미국 대통령도 전화를 걸어 키징거를 축하했다. 청년 당원들은 횃불을 들고 총리 공관으로 행진하면서 축하의 노래를 불렀다. 그리고 자민당(Freie Demokratische Partei: FDP) 총재 발터 쉘(Walter Scheel)은 패배를 인정하고 이미 중앙

당사를 벗어나 집으로 돌아가는 중이었다. 하지만 오후 9시 30분경 상황은 극적으로 변화하기 시작했다. 기민당-기사당이 선두에서 밀려났고 사민당이 표를 만회했다. 오후 10시 사민당과 자민당이 과반수보다 4개 의석을 더 확보하게 된다.

빌리 브란트는 투표 결과를 입수하자마자 발터 쉘에게 연정을 제안했다. 처음에는 수화기 저편에서 아무 소리도 들리지 않았다. 마침내 망설이던 발터 쉘은 "그렇게 하시오"라고 대답했다. 자정 직전 11시 45분경에 빌리 브란트는 마이크 앞에서 "저는 자민당과 대화할 준비가 되어 있음을 알립니다"라고 연정을 공식적으로 선언했다. 이는 기민당과의 대연정을 지속하는 게 아니라 자민당과 새롭게 연정을 구성하겠다고 선언한 것이었다.

그리고 얼마 지나지 않아 선거 최종 결과가 나왔다. 기민당-기사당이 46.1%로 최다 득표를 했고, 사민당은 42.7%를 득표했다. 사민당은 기민당-기사당보다 몇 퍼센트 뒤쳐져 있었지만 5%의 장벽을 극복한 자민당의 득표로 독일연방 수립 이후 처음으로 기민당-기사당을 야당의 자리로 쫓아내고 최초의 사민당-자민당 연정을 수립하는 데 충분한 의석을 확보했다. 하지만 사민당-자민당과 기민당-기사당의 의석 차이는 단지 12석에 불과했다.

그런데 놀랍게도 선거 당일 자민당과의 연정을 결정한 것은 사민당 전체의 의견이라기보다는 빌리 브란트의 개인적인 결단이었다. 헤르베르트 베너(Herbert Wehner) 원내총무와 헬무트 슈미트(Helmut Schmidt)를 비롯한 사민당의 주요 인사들은 기민당과의 대연정이라는 안정적인 배에 머물고자 했기 때문에 군소 정당인 자민당과의 연정을 별로 반가워하지 않았다. 특히 베너 원내총무가 보기에 자민당은 항상 "정당 무덤 언저리에서 줄타기를 하는 한 무리의 징집된 신병"에 불과했다. 선거 당일 날에도 베너는 자민당을 "스스로 정치적 결단을 내려야만 하는 오래된 행상인들의 정당"이라고 경멸했다.

이러한 의미에서 정권교체는 엄밀히 말해 유권자들의 심판이나 사민당의 집단적인 결정이 아니라 빌리 브란트의 개인적인 결단에 의해 이루어진 것이었다. 선거 직후 몇 시간을 포함한 그 이후 며칠이 그의 정치 경력 중 가장 멋진 순간이었다. 그는 힘과 결단, 그리고 비상한 평정심과 자신의 역량에 대한 믿음을 갖고 행동했다. 1969년 10월 21일 독일연방의회는 찬성 251표, 반대 235표 그리고 기권 4표로 빌리 브란트를 독일연방공화국의 4번째 총리로 선출했다. 빌리 브란트는 총리가 되기에 필요한 표보다 겨우 2표 많은 251표를 얻었다. 마침내 빌리 브란트의 시대가 열린 것이다. 독일로부터 도피했던, 독일에 의해 쫓기고 모욕당한 빌리 브란트는 망명한 지 36년 만에, 귀국한 지 21년 만에 결국 정치권력의 정점에 오른 것이다. 그리고 이는 1961년과 1965년의 패배를 딛고 일어선 승리였다.

이처럼 빌리 브란트의 정치역정은 파란만장했다. 제2차 세계대전이 끝나고 독일로 돌아온 빌리 브란트는 당시 서베를린 시장인 에른스트 로이터(Ernst Reuter)의 측근으로 정치에 첫걸음을 내딛었다. 그리고 그는 베를린 봉쇄를 전후로 긴박하게 돌아가는 동서 냉전의 현장을 직접 경험하게 된다. 1957년 서베를린 시장으로 당선된 빌리 브란트는 1966년 기민당-사민당 대연정 하에서 외무장관으로 임명될 때까지 동서 냉전의 한복판에 있었다.

○ 자민당과의 연정을 선언한 후 인터뷰하는 빌리 브란트, 1969년 9월 28일

　한편 사민당은 노동자 정당으로서의 정체성을 강조했던 '에르푸르트 강령(Erfurter Programm)' 대신에 1959년 국민정당으로의 이미지를 강조하는 '고데스베르크 강령(Godesberger Programm)'을 채택하면서 새로운 변화를 시도하고 있었다. 당시 현대적인 국민정당으로 변신을 시도하고 있었던 사민당 지도부는 서베를린 시장인 젊은 빌리 브란트를 유심히 지켜보고 있었다. 그리고 1960년 11월 사민당 전당대회에서 노장에 비해 젊고 박력 있는 새로운 인물인 빌리 브란트가 '영원한 총리' 아데나워의 아성을 무너뜨릴 수 있는 사민당 총리 후보로 선출되었다.

　1957년부터 1966년까지 9년간 서베를린 시장이자 1960년 이후 사민당 총리 후보였던 빌리 브란트에게 가장 중대한 도전은 1958년

11월 10일 니키타 흐루시초프(Nikita Khrushchyov) 소련 서기장의 '베를린 최후통첩'으로 시작되어 1961년 8월 13일 베를린 장벽의 설치로 일단락된 '베를린 위기'였다. 1961년 8월 13일 성급히 연락을 받고 온 빌리 브란트는 동베를린 쪽에서 장벽을 설치하는 사람들 앞에 서 있었다. 동독 정부는 1961년 8월 12일에서 13일로 넘어가는 자정을 기점으로 서베를린으로 가는 모든 도로와 전철을 차단했고, 소련군은 전투태세를 갖추고 포츠담 광장과 브란덴부르크 문 앞에 탱크와 장갑차를 배치했다. 이는 베를린 장벽을 설치해 동독인의 대량 탈출을 막기 위한 것이었다. 일촉즉발의 위기 상황에서 몹시 화가 난 빌리 브란트는 "여보게들, 들어보게, 무슨 일인가?"라고 질문을 던졌다. 곧바로 빌리 브란트는 외교 의전도 무시한 채 존 F. 케네디 미국 대통령에게 이런 미친 짓을 막아달라고 호소했지만, 케네디는 냉정하게 단지 베를린 주재 미 주둔군의 강화와 존슨(Lyndon B. Johnson) 부대통령의 방문만을 약속했을 뿐이다.

빌리 브란트는 베를린 장벽이 설치되던 날을 결코 잊을 수 없을 것이다. 9월말로 예정된 제4대 연방의회 선거가 한 달 반 정도 남은 시점이었다. 사민당 총리 후보였던 빌리 브란트는 악화되고 있는 위기 속에서도 서베를린을 성공적으로 통치할 수 있음을 입증해야 했다. 이에 빌리 브란트는 선거운동을 즉각 중단하고 베를린에서 자신의 자리를 지켰다. 그에게 베를린에서 벌어지는 두 독일 간의 갈등이 선거보다 더욱 중요한 문제였던 것이다.

하지만 선거 결과는 빌리 브란트의 패배였다. 그나마 그에게 위안이 되었던 것은 서베를린 시장으로서의 정치적 성공이었다. 베를린 위기 과정에서 보여준 그의 행보는 불안해하던 서베를린 시민들에게 큰 힘이 되었다. 이에 따라 그의 인기는 급상승했고 '독일의 케네디'라고 불리기도 했다. 하지만 1961년 9월의 패배로 빌리 브란트는 내리막을 걷기 시작했으며, 이는 몇 년 동안 계속되었고, 1965년 가을 연방의회 선거에서 다시 총리 후보로 나섰다가 패배함으로써 절정에 이른다. 1961년에는 12년간이나 총리를 지낸 아데나워에게 패했고, 1965년에는 '라인강의 기적'을 이룬 에르하르트에게 승리를 내주었다. 1949년 서독이 수립된 이후 4년마다 다섯 번의 연방의회 선거가 치러졌지만 사민당은 단 한 번도 정권을 잡지 못했다.

하지만 빌리 브란트는 위기가 증폭되는 과정에서 '서방정책(Westpolitik)'으로 표상되는 아데나워의 독일정책과 외교정책이 실패했음을 명확히 깨닫게 되었다. 당시의 시대적 분위기에서는 동독을 '어둠의 세력'이라 지칭하며 대화를 거부하고 상대를 제압하려 한 것이 오히려 자연스러운 정책이었다. 그런데 당시 시류와는 반대로 빌리 브란트는 베를린 장벽이 가로놓이는 것을 보면서 서독이 진정으로 통일로 나아가고자 한다면 새로운 독일정책과 외교정책을 채택해야 한다고 확신했다.

신임 총리 빌리 브란트가 1969년 10월 28일 연방의회에서 한 취임 연설은 '더 많은 민주주의'로 상징되는 국내 개혁과 '동방정책(Ostpolitik)'으로 상징되는 독일정책 및 외교정책으로 크게 구분할 수 있다. 우선 빌리 브란트는 "우리는 민주주의의 종착역이 아니라 출발역에 서 있습니다. 우리는 더 많은 민주주의를 추진하고자 합니다 … 우리는 광범위한 개혁의 필요성에 직면해 있습니다"라고 말하면서 국내 개혁에 대한 적극적인 의지를 표출했다. 뒤이어 빌리 브란트는 동방정책에 대해 언급했다. "새 정부는 키징거 총리가 도입한 동방정책을 계속 수행할 것입니다. … 비록 독일에는 두 개의 국가가 존재하지만, 두 국가는 서로에게 다른 국가가 아닙니다. 두 국가 간의 관계는 아주 특별한 방식으로 접근해야 합니다." 여기서 중요한 부분은 '국가'라는 단어이다. 일반적으로 당시 동독을 지칭할 때에는 정통성을 인정하지 않았기 때문에 단지 '저쪽'이라는 단어로 표현했을 뿐 '국가'라는 단어는 사용하지 않았다. 이와 같이 이전에는 서독은 동독을 국가로 인정하지 않았다. 하지만 빌리 브란트는 이미 동서독이 분단된 이후 현실 세계에 두 개의 국가가 존재하고 있다는 것을 인정하지 않는다면 독일 통일을 향한 여정에서 한 발자국도 나아갈 수 없다고 판단했다. 그는 현실을 인정한 가운데 새로운 비전을 제시하고자 했다.

'접근을 통한 변화', 동방정책

빌리 브란트의 동방정책은 냉전이 낳은 독일과 유럽의 분단 질서를 뒤흔들어 놓았다. 그는 과거를 묻어두거나 역사로 남기기 위해서가 아니라 미래에 초점을 맞추어 바꾸고자 했다. 이를 위해 빌리 브란트는 1960년 말까지 서독 외교정책의 토대였던 '할슈타인 원칙(Hallstein Doctrine)'을 폐기시켜야 했다. 할슈타인 원칙은 아데나워 정부에서 외무부 차관을 지낸 발터 할슈타인(Walter Hallstein)의 이름에서 유래했는데, 그 핵심은 서독이 동독을 외교적으로 승인하는 국가와는 외교관계를 수립하지 않는다는 것이었다. 빌리 브란트는 할슈타인 원칙이 쿠바 미사일 위기의 종식과 흐루시초프의 몰락 이후 시작된 냉전의 해동기에 적합하지 않았고 판단했다.

평화를 강조하는 빌리 브란트의 생각은 냉전이 시작되기 전인 1940년에 집필한 『강대국들의 전쟁 목표와 새로운 유럽(*Die Kriegsziele der Großmächte und das neue Europa*)』에서 맹아적으로 볼 수 있다. 그는 "안보를 추구하는 데 있어 공동안보 개념이 가장 우선적인 원칙으로 자리 잡아야 하며", "자신의 안보가 다른 사람에 대항한 싸움에서만 확보될 수 있다는 원시적인 관점을 벗어나야 하고 … 보다 견고한 안보는 모든 국가들의 생존권과 생활적인 이해관계를 존중하는 민족들 사이에서만 가능하다"고 주장했다. 이러한 그의 사고는 베를린 위기를 겪으면서 더욱 굳어졌고, 1966년 기민당–사민당 대연정 시기 외무장관직을 맡을 때 '접근을 통한 변화'라는 문장으로 조금씩 싹트기 시작했다. 하지만 당시 그는 기민당이 이끄는 대연정의 외무장관이었기에 한계를 느낄 수밖에 없었다.

빌리 브란트는 1988년 TV 인터뷰에서 '무엇을 자신의 최대의 성공이라고 평가하느냐'는 질문에 "우리가 살고 있는 이 세상에서 우리나라 즉, 독일의 이름과 평화라는 개념이 다시금 조화를 이루는 데 기여한 것"이라고 대답했다. 이런 업적은 동방정책으로 상징되는 독일정책과 외교정책이 있었기에 가능했던 것이다.

총리가 된 빌리 브란트는 서독 주도의 통일이라는 일방주의적 인식을 버리고 통일은 '공동의 문제'임을 명확히 했다. 그리고 그에게 독일문제는 독일만이 아니라 유럽 전체의 문제였다. 독일의 엘베 강을 중심으로 동쪽에는 바르샤바조약기구(Warsaw Treaty Organization: WTO)로 묶인 사회주의 국가들이, 서쪽에는 북대서양조약기구(North Atlantic Treaty Organization: NATO)로 묶인 자본주의 국가들이 서로 대치하고 있었다. 빌리 브란트는 독일 통일이 '유럽의 평화질서' 내에서만 달성될 수 있다고 생각했다. 게다가 그런 평화질서는 오직 유럽적 차원에서만 가능했다. 이러한 맥락에서 그는 "유럽적 차원의 재결합만이 분단된 독일의 두 진영을 서로 결합할 수 있게 할 것이다"라고 주장했다. 치열한 냉전 상황이었던 당시 그의 주장은 비판자들의 귀에는 거의 혁명에 가까운 것이었다.

그런데 바로 이 점이 빌리 브란트를 오늘날까지도 다른 보통 정치가들과 차별화하는 특징이다. 그는 현실을 존중하는 동시에 그 현실을 변화시킬 수 있는 비전을 제시했던 것이다. 동방정책이라는 비전은 1963년에 이미 바에 의해 '접근을 통한 변화'라는 용어로 정리되어 있었다. '접근을 통한 변화'의 핵심은 신뢰를 바탕으로 하는 화해의 정치였다. 이러한 비전의 결실은 바로 [모스크바 조약], [바르샤바 조약] 그리고 [동서독 기본 조약] 등으로 나타났다.

빌리 브란트는 취임 이후 동독과의 협상을 진행했다. 그 과정에서 가장 주목할 만한 역사적 사건은 빌리 브란트의 동독 에르푸르트 방문이었다. 그날의 감격을 빌리 브란트는 "특별열차에 오르기 전, 정치는 그것이 인류와 평화에 기여할 때에만 내게 의미가 있다고 강하게 마음먹었다. 에르푸르트에서의 날이 왔다. 내 인생에서 그렇게 감정이 복받쳤던 날이 있었던가?"라고 회고했다.

◑ 에르푸르트에서 빌리 브란트와 빌리 슈토프의 역사적 만남, 1970년 3월

에르푸르트 방문은 서독 정부 수반으로서 많은 서독 사람들이 그 당시까지도 '저쪽 점령 지구'라고 부르던 지역에 대한 최초의 방문이었다. 그리고 이는 '다른 쪽 독일'의 존재를 서독이 정식으로 인정한다는 것을 의미했다. 전후 4반세기가 지난 시점에 서독 총리인 빌리 브란트와 동독의 빌리 슈토프(Willi Stoph)가 만난 것이었다.

빌리 브란트와 그의 일행이 탄 특별열차는 본을 떠나 1970년 3월 19일 추운 잿빛 아침 9시 30분 에르푸르트에 도착했다. 빌리 브란트는 기차에서 내려 슈토프에게 "환영에 감사합니다. 날씨도 좋군요"라고 이야기를 건넸다. 그러자 슈토프는 "그렇지 못하군요"라고 시큰둥하게 응수했다. 동독 시민들이 호텔 앞에서 경찰의 저지선을 뚫고 들어왔다. 그때 '빌리'라고 부르는 소리가 들렸다. '빌리'를 외치는 목소리가 점점 더 커졌다. 처음에는 누구를 부르는지 알 수 없었다. 왜냐하면 공교롭게도 서독과 동독의 수반 이름이 모두 '빌리'였기 때문이었다. 그러다가 빌리 브란트는 자기 이름을 제대로 부르는 소리를 확실히 듣게 된다. 그는 "빌리 브란트는 창가로 나오시오"라고 외치는 소리를 들었다.

"나는 머뭇거리다가 창문 쪽으로 다가가 자발적인 시위 권리를 주장하고 있는 흥분하고 기대에 찬 시민들을 내려다보았다. … 내가 태어난 조국에 대한 미운 마음이 울컥 치솟았다. 여기는 달랐다. 감동이 있었지만, 이 사람들의 운명에 대해서 생각하지 않을 수 없었다. 나는 그 다음날 본으로 돌아가면 그만이지만, 그들은 그렇게 할 수 없어… 나는 자제하라는 몸짓을 했다. 내 뜻은 전달되었다. 시민들은 조용해졌다. 무거운 마음으로 돌아섰을 때, 내 보좌관들 여러 사람이 눈물을 글썽이고 있는 것을 보았다. 나는 그들이 이루어질 수 없는 희망을 품게 될까봐 걱정이 되었다. 그래서 일부러 감정을 누그러뜨리는 태도를 취했다."

함성을 지르면서 흥분했던 에르푸르트 시민들과 그들을 격려하기 주저하던 빌리 브란트, 그런 것들이 사람들의 뇌리에 남았다. 하지만 상징적인 중요성을 가졌던 빌리 슈토프와의 회담은 구체적인 성과를 얻지 못했다. 그럼에도 불구하고 회담은 독일 통일과 유럽의 평화에 대한 의견을 나누는 기회가 되었다. 빌리 브란트는 서독이 동독을 무력으로 넘어뜨릴 의사가 없다는 것을 분명히 하면서, "우리는 각자 독자적으로 행동하며, 대외적으로 누가 누구를 대표한다는 것도 있을 수 없다. 어느 한쪽이 다른 쪽을 복속시키는 것도 있을 수 없다"고 거듭 말했다. 이는 동독의 주권을 위협하는 것으로 간주되는 일체의 행동을 하지 않겠다는 의지의 표현이었다. 그리고 그 결실이 1972년 12월 21일 [동서독 기본 조약] 체결과 1973년 9월 18일 UN 동시 가입으로 나타났다.

동독의 존재를 인정한다는 것은 서독이 독일 민족의 유일한 합법정부라는 주장을 사실상 포기하는 것이었다. 따라서 이는 기민당-기사당의 거센 반발을 초래했다. 기민당-기사당은 '독일 영토 위에 두 개의 국가가 존재하거나 말거나 주권은 하나이며, 그 주권은 독일 인민에게 있다'고 주장했다. 다시 말해 이는 여전히 동독을 합법적인 정부로 인정하지 않겠다는 입장이었다.

그런데 빌리 브란트는 궁지에 몰린다고 느끼면 느낄수록 단호한 용기가 솟아나는 사람이었다. 당시 그는 바에게 "중대한 문제에서는 처음부터 난관에 부딪칠 마음을 가져야만 하네"라고 말했다. 사민당 동료들마저 동독에 대한 정책 수행 속도를 늦추자고 제안했지만, 그는 자신의 결심을 꺾지 않았다. 빌리 브란트는 "정의롭고 필요한 일을 하고 있다는 확신만 있다면, 무릎을 꿇는 것보다는 나부끼는 깃발과 함께 침몰하는 것이 낫다"고 천명했다.

빌리 브란트의 생각대로, 동독과의 [기본 조약]은 분단을 공고화한 것이 아니었다. 오히려 정반대였다. [기본 조약]은 재통일에 대한 요구를 명확히 했고 두 독일 시민 간의 상호 만남을 통해 재통일의 가능성을 더욱 크게 만들었다. 그 이후 전개된 서독과 동독 간의 자유로운 상호 교류는 그의 생각이 정확했음을 보여주었다. 예를 들어 1973년 3월에는 서독의 언론사들이 동독에 주재하면서 활동할 수 있게 되었으며 서독 방송을 동독에서 시청하는 것이 가능해졌다. 민간인의 상호 방문은 처음에는 이산가족으로 한정해서 이루어졌으나 점차 자유로워져 1980년대가 되면서 거의 이웃나라를 드나들 듯 다닐 수 있게 되었다.

빌리 브란트는 동독과의 협상 이전에 소련과의 관계를 개선하는 것이 적절하다고 판단하여 취임하자마자 모스크바와 대화를 시도했다. 이는 빌리 브란트가 동방정책의 관건을 크렘린이 쥐고 있다고 판단했기 때문이다. 그는 소련이 주장하는 오데-나이세 국경을 폴란드의 서부 국경선으로 인정하고 세계 평화를 위해 핵 무장을 포기할 의사가 있다고 말하면서 소련과의 대화를 시도했다. 1969년 12월 8일 소련 외무장관 안드레이 그로미코(Andrei Andreevich Gromyko)와 소련 주재 서독 대사가 만나 양국의 관심 사항을 다룬 뒤, 바가 빌리 브란트로부터 전권을 위임받아 협상을 진행했다. 바는 그로미코 외무장관과 50회가 넘는 협상을 진행하면서 독일과 소련 관계의 새로운 토대를 마련하고자 했다. 1970년 1월부터 5월까지 3차례의 협상과 14번의 만남이 이루어졌다.

하지만 소위 '바 문서(Bahr Paper)'라고 지칭되는 문서가 조약 체결 이전에 《퀵(Quick)》지에 10개 조항의 원문이 공개되면서, 기민당-기사당으로부터 강한 비난이 제기되었다. '바 문서'에는 서독과 소련 사이의 경제교류를 활성화하고, 동서 진영 간의 어떠한 무력 사용도 불허하며, 서독이 동독과 조약을 맺어 동독을 주권국가로 인정하고, 폴란드와 독일 간의 오더-나이센 국경을 인정하는 등 제2차 세계대전 당시 잃어버린 영토에 대해 권리를 더 이상 주장하지 않겠다는 것과 유럽에서의 현 상태를 인정하겠다는 내용을 담고 있었다. '바 문서'의 내용은 독일 국민이 보기에 국가이익을 팔아 버리는 것과 다름없었다. 왜냐하면 독일이 제2차 세계대전 당시 잃어버린 동부 지역을 포기하겠다는 의미였기 때문이었다. 한참이 지나서야 간신히 비판의 물결이 잠잠해졌다.

마침내 빌리 브란트는 1970년 8월 11일 모스크바로 날아갔다. 빌리 브란트는 비행기가 연착하자 "우리는 늦게 왔지만 왔습니다"라는 의미심장한 말을 남겼다. 그리고 1970년 8월 12일 크렘린궁에서 빌리 브란트와 레오니트 브레즈네프(Leonid Ilyich Brezhnev) 소련 서기장이 '무력 포기를 통한 평화와 긴장완화, 유럽에 존재하는 국경선 존중' 등의 내용을 담은 [모스크바 조약]을 체결했다. [모스크바 조약]은 이후 동구권 국가와의 관계 개선에 밑거름이 되었다.

한편 빌리 브란트는 폴란드 방문을 이미 차근차근 추진하고 있었다. 빌리 브란트는 1968년 3월 뉘른베르크에서 열린 사민당 전당대회에서 처음으로 '오데-나이세 국경을 인정하고 준수할 것'을 제안했다. 빌리 브란트의 연설은 일종의 공식적인 입장이었는데, 폴란드는 별 반응이 없었다. 하지만 1년 뒤, 브와디스와프 고무우카(Władysław Gomułka) 폴란드 당서기장이 갑자기, 뉘른베르크 당 대회에서 한 빌리 브란트의 연설은 독일이 폴란드와 대화하려는 첫걸음을 내디딘 것이라고 평가했다. 왜 그들은 늦게 반응했을까?《차이트(*Zeit*)》지 특파원 한스야고프 스텔레(Hansjakob Stehle)는 1969년 초 이탈리아 공산당 대회에서 고무우카와 매우 가까운 사이인 제논 클리츠코(Zenon Kliszko)를 만났고, 그 자리에서 본에서는 빌리 브란트의 연설에 대해 고무우카가 별 반응이 없다고 불평하더라는 말을 전했던 것이다.

이에 1970년 2월 서독과 폴란드 간의 협상이 시작되었다. 그리고 1970년 12월 빌리 브란트의 폴란드 방문 이후 합의가 이루어졌다. 하지만 비준안은 서독 내 격렬한 반발 때문에 1972년 6월이 되어서야 통과되었다. [바르샤바 조약] 전문은 "전쟁의 첫 희생자는 폴란드이며, 전쟁은 유럽 국가들에게 엄청난 고통을 안겨 주었다"고 언급하고 있다. 나아가 무력의 포기와 협력도 약속했지만, 가장 중요한 것은 오데르–나이세 국경을 폴란드 서부 국경으로 인정한다는 부분이었다.

1972년 새해 벽두는 동방정책의 성과로 인하여 빌리 브란트의 국내 인기와 해외의 존경이 절정에 이른 시기였다. 그는 유럽의 주도적인 정치인으로서 치솟는 위광을 누리고 있었다. 왜냐하면 그는 지지자들로부터 과거의 미망에 머물지 않고, '접근을 통한 변화'를 과감하게 추진했다는 평가를 받았기 때문이다. 그에 따라 그는 4번째 노벨상을 받은 독일인이 되었다. 노벨위원회는 빌리 브란트의 수상 이유를 "선의를 바탕으로 유럽 평화의 길을 닦는 데 큰 업적을 낳았다. 동서 양 진영 간의 정치적·군사적 데탕트는 평화로운 발전의 필수조건"이라고 밝혔다.

하지만 빌리 브란트의 동방정책은 '독일의 이익을 싼값에 팔아넘

기는 행위'에 불과하다고 주장하는 기민당-기사당의 반발에 직면하게 된다. 슈트라우스는 빌리 브란트를 "재고 판매 염가 대매출 총리"라고 비꼬아 비난했다. 또한 그는 빌리 브란트가 서독을 모스크바의 은총에 종속시키는 '핀란드식 해결방안'으로 몰아간다고 비판했다. 기사당의 한 의원은 "총리는 친서방적인 독일의 개념을 포기하고 소련 제국으로 기우려는 준비가 되어 있다"고 비난했다. 더 나아가 보수적인 정치적 반대자들은 빌리 브란트를 '빨갱이', '반역자'라고 부르기까지 했다. 이러한 분위기 속에서 기민당-기사당 총재인 바르첼은 "뜻대로는 안 될 것"이라고 경고를 했다. 이러한 국내 반발은 빌리 브란트에 대한 '불신임 투표'로 그 절정에 이르게 된다.

1972년 4월 초 바르첼은 불신임 투표로 빌리 브란트 정권을 넘어뜨릴 수 있다고 판단했다. 사민당-자민당 연립정부는 과반수보다 불과 12석만 더 많았을 뿐이었다. 이러한 미세한 수적 우위마저도 동방정책이 추진되면서 햇볕에 눈 녹듯이 사라져버렸다. 당시 기민당-기사당은 자민당의 민족주의적 보수파의 이탈도 기대할 수 있는 상황이었다. 이미 1970년 10월 9일 자민당의 전임 총재 에리히 멘데(Erich Mende)가 2명의 자민당 의원들과 함께 탈당하여 기민당으로 당적을 옮겼다. 그로 인해 여당의 우위는 겨우 6석으로 줄어들었고, 바르첼은 추가 탈당도 기대할 수 있게 되었다. 사민당을 탈당한 첫 사례인 헤르베르트 후프카(Herbert Hupka)는 멘데 등 자민당의 탈당 의원처럼 슐레지엔 출신이었다. 뒤이어 9명의 사민당 의원이 탈당해 기민당-기사당의 입장을 지지하는 쪽으로 방향을 선회했다.

하지만 기민당-기사당은 당시 여론을 고려하지 않았다. 좌파 성

향의 언론들은 바르첼과 그의 팀의 행동이 쿠데타(일명 '바르첼 쿠데타')
와 다를 바 없다고 주장했다. 다시 말해 기민당-기사당은 유권자의
허가도 받지 않은 채 은밀한 행동을 통해 총리를 교체하고자 했다
는 것이다. 또한 노동조합과 학생운동 조직이 빌리 브란트 지지 시위
를 벌이고 나서자 사회 전체가 어수선해졌다. 불신임안이 통과되면
노동조합이 총파업을 하겠다고 공언한 마당에 무슨 일이 벌어질지
알 수 없는 상황이 초래되었다.

불신임 동의안이 마침내 4월 24일 제출되었고, 표결은 4월 27일
에 이루어졌다. 빌리 브란트 진영에게는 희망이 없어 보였다. 4월 23
일 바르첼은 적어도 249표를 확보할 것으로 생각했다. 이미 빌리 브
란트의 총리실 사람들은 떠날 준비를 했다. 빌리 브란트의 측근이었
던 페터 로이쉔바흐(Peter Reuschenbach)는 "우리들은 사무실에 앉아
있었습니다. 그리고 나는 후임자에게 인계해서는 안 되는 서류를 정
리하고 있었습니다"라고 회고했다. 하지만 불신임 동의안은 부결되
었다. 불신임 표결에 참가했던 260명의 의원 가운데 247명이 찬성
표를 던졌고 10명이 반대표를 던졌다. 3명은 기권을 했다. 어수선한
상황에서 불신임 동의안은 단 2표 차이로 부결되었다.

기민당-기사당의 불신임안이 좌절되면서 [모스크바 조약]과
[바르샤바 조약]이 연방의회에서 승인되었고, 빌리 브란트는 계속
총리로 재임할 수 있게 되었다. 그리고 빌리 브란트는 의석수가 줄어
드는 상황을 극복하기 위해 1972년 9월 20일 연방의회에 '내각 신임
안'을 제출해 새로운 연방의회 선거로 향하는 길을 열었다. 11월 19
일 치러진 제7대 연방의회 선거는 [모스크바 조약]과 [바르샤바 조

약)에 대한 국민투표의 양상을 띠게 되었다. 91.1%에 이르는 역대 최고 투표율을 보인 이 선거에서 사민당은 45.9%라는 득표율을 얻어 44.9%의 득표에 그친 기민당-기사당을 앞질러 사상 처음으로 연방의회에서 제1당이 되었다. 자민당 또한 8.4%라는 높은 득표율을 기록했다. 이로써 빌리 브란트는 안정적인 과반수를 확보했다.

그러나 위기를 극복하는 과정에서 빌리 브란트 개인의 인기는 상승했지만 '더 나은 정당'이라는 사민당의 이미지는 실추되었다. 그리고 사민당-자민당 연정의 선성기는 이미 지나가고 있었다. 귄터 그라스(Günter Grass)는 빌리 브란트에게 이미 1970년 3월에 "동방정책과 독일정책은 상대적으로 성공적인 시작 단계가 지나고 나면 정체될 수도 있다. 그렇게 된다면 대중의 관심은 무엇보다 국내 정치로 향할 것이다. 그런 상황에서 당신의 외교정책적인 이미지가 오히려 국내 개혁에 걸림돌이 되면서 연방총리로서 멍하니 자리만 지킬 수도 있다"고 경고했다.

사회보장제도의 강화와 노사공동결정법 도입, 하지만 미완성된 '더 많은 민주주의'

빌리 브란트는 1939년 오슬로에서 출판된 소책자 『소련의 외교정책 1917~1939년(Die Sowjetische Außenpolitik 1917–1939)』에서 소련의 잔혹한 숙청을 비판하면서 "사회주의가 그 자신의 이름을 사용하는 데 있어 진정으로 정당한 정책을 펼치려면 자유와 민주주의에 기반을 두어야 한다"고 주장했다. 이는 1959년 고데스베르크 강령에서 "사회주의는 단지 민주주의를 통해서만 실현될 수 있으며 민주주의는 사회주의를 통해서만 완성될 수 있다"라는 한 문장으로 정리되었다.

이러한 맥락에서 빌리 브란트는 1969년 민주주의를 둘러싼 사민당과 기민당의 차이를 "기민당에게 민주주의는 국가의 조직 형태를 의미한다. 이와 대조적으로 사민당에게 민주주의는 국민의 모든 사회적 생활영역에 영향을 주고 관철되어야 하는 하나의 원칙이다. … 민주주의는 지속적인 과정이며 그 실현을 위해 부단하게 노력해야 하는 과제이다"라고 주장했다. 다시 말해 그는 민주주의를 정치 영역을 넘어 사회의 모든 영역을 포괄하는 것으로 인식했다. 그 실현 과정에서 필요한 것은 기회의 균등과 사회적 차별의 제거 그리고 시장경제의 조정 등이었다.

사실 신임 총리 빌리 브란트의 첫 번째 선언은 동방정책으로 상징되는 독일정책과 외교정책이 아니라 국내 개혁과 관련된 것이었다. 지난 연방의회 선거에서도 주요 쟁점은 국내 개혁이었다. 빌리 브란트가 제시한 국내 개혁 목록은 경제, 사회, 복지, 산업정책, 교육정책 등 제반 분야에 걸쳐 있었다. 당시 정치적 반대자들은 이를 '사회적 환상'이라고 비방했고, 그렇게 되지 않기 위해 새로운 정부는 할 일이 아주 많았다. 빌리 브란트는 나중에 연방총리로서 시간의 많은 부분을 이를 달성하기 위해 소진했다고 회고했다.

빌리 브란트는 서독을 권위주의적 색채가 옅으면서도 너그러운 사회 분위기를 가진 국가로 만들어 나가기 위해 발 빠른 행보를 취했다. 이는 당시 서독의 시대적 개혁 열망을 반영한 것이다. 더 나아가 이는 '의회 밖의 지지자들'에게 그들의 정당한 문제가 해결될 수 있다는 기대감을 갖게 하여 사민당의 지지 기반을 확대시키려는 의도였다. 나중에 《차이트》지 편집장이었던 마리온 된호프(Marion Dönhoff)는 "그의 비전이 … 지나치게 급진적이었고, '현대적 독일'을 만들기 위해 국가와 사회를 밑바닥부터 개혁하려 했다. 그의 모토는 민주주의, 특히 사회민주주의를 확대하고, 정의와 인정이 넘치는 사회를 만드는 것이었다"고 평가했다. 이러한 비전은 전후 최초의 사민당 정권을 보는 국민들에게 강력한 인상을 남겼다. 1982년 된호프는 "국민들이 완전히 새로운 생활 감각에 사로잡혔다"고 기록했으며, 더 나아가 "대대적인 개혁의 열기가 학교, 대학 등으로 마치 들불처럼 번져 나갔다. 이러한 개혁이 이루어지지 않았다면 오늘날의 독일은 상상조차 할 수 없다"고 긍정적으로 평가했다.

이를 위해 먼저 빌리 브란트는 1969년 집권하자마자 흩어져 있는 사회보장제도를 하나로 통합하여 12권으로 구성된 사회법전을 제정했다. 이는 재해, 실업, 건강, 일자리, 어린이 지원 등 사회보장제도를 일목요연하게 집대성한 것이었다. 사회보장제도에서 가장 중요한 조치는 1972년의 〔연금개혁법〕이었는데, 납부한 금액과 관계없이 연금을 지불하게 한 것이었다. 그에 따라 노동자들은 퇴직 이후에도 재정적인 고통을 덜 받으면서 적정한 수준의 생활을 유지할 수 있게 되었다.

또한 전쟁 희생자들을 위한 연금 증액, 종전에는 무자격으로 처리되었던 사회집단에 대한 노령연금 지급, 퇴직연령 적용의 융통성 허용, 건강보험 혜택 확대, 결혼과 가족 등에 관한 민법 개정 등 다양한 사회정책 영역에서 변화가 일어났다. 당시 사회정책의 확대가 독일인의 삶에 얼마나 커다란 변화를 초래했는지는 1970년대에 100만 명이 넘었던 전쟁미망인의 구체적인 사례를 통해 잘 드러난다. 그들의 연금 수령액은 빌리 브란트 집권 시기에 평균 30% 증가했다. 그들 대부분은 도시에 거주했는데 이들을 위해 새로 만들어진 사회보호시설에서 인생의 마지막 시기를 편안하게 보낼 수 있었다. 후에 빌리 브란트는 사회정책의 결과를 두고 "우리가 거둔 가장 눈에 띄는 인상적인 성과"라고 자평했다.

한편 사민당에게 있어 경제와 사회의 민주화는 주로 기회의 균등을 의미했다. 그러다 보니 교육과 노사관계가 특히 중요했다. 교육개혁은 교육의 구조와 내용을 통제하는 것이 정치적 영향력을 확대하는 강력한 수단이라는 이유로 빌리 브란트 정부가 지향하는 '더 많은 민주주의'라는 슬로건에서도 가장 중요한 목표가 되었다. 1969년 브란트가 내세웠던 대대적인 개혁안에는 사회적으로 불리한 여건을 보상해줄 수 있는 교육의 확충, 실업교육 강화, 학교 성적 우열만 갖고 진로를 미리 확정해버리는 제도의 문제점 정비, 대학 수준의 교육 기회 확대, 대학의 전통적 구조에 대한 과감한 손질 등이 포함되어 있었다. 특히 전후 학생 수가 증가하여 이에 따른 예산의 비율이 증가될 필요가 있었다. 이를 위해 빌리 브란트는 1971년 〔연방교육진흥법〕을 제정하고 교육예산을 대폭 증액했다. 이제 국민 누구라도 원하면 국가 지원으로 교육과 재교육을 받을 수 있는 권리를 보장받았다. 이에 따라 독일 대학생들은 대학등록금을 내지 않아도 되었고 생활비도 지원받을 수 있게 되었다.

하지만 빌리 브란트의 교육 개혁은 주정부가 연방정부에 교육에 대한 관할권을 빼앗기지 않기 위해 버팀으로써 사실상 무승부로 마무리되었다. 왜냐하면 교육 영역은 주정부의 관할이었기 때문에 연방정부가 할 수 있는 여지가 별로 없었다. 1971년 〔고등교육법〕이 발의되었으나 기민당-기사당이 장악하고 있던 연방의회에서 부결되고 말았다.

또한 1971년 〔경영기본법〕을 제정해 노동조합 대표들이 회사 경영에 참여할 수 있는 '노사공동결정 시스템'을 만들었다. 그 결과 회사의 일상적 경영을 비롯한 제반 문제에 대해 노동조합이 참여할 수 있는 기회가 제도적으로 마련되었다. 빌리 브란트가 생각한 이 법의 취지는 "기업 내의 민주주의를 확대하고, 노동자의 생활을 보다 인도주의적으로 배려하며, 노동자 개개인에게 더 많은 자유 재량권을 줌으로써 사회정의를 보장하는" 것이었다. 그런데 당시 기업주와 경영자들은 이러한 개혁안이 재산권과 경영권을 침해하는 것으로 인식하면서 매우 격렬하게 저항했다. 이후 '공동결정권'을 둘러싼 논쟁은 치열하게 전개되어, 슈미트가 총리로 당선된 후 2천 명 이상을 고용하고 있는 650개 대기업을 포괄하는 〔노사공동결정법〕을 통과시킨 1976년까지 전혀 타협점을 찾지 못했다.

이처럼 빌리 브란트의 집권은 '삶의 질', '기회균등', '사회적 형평 실현' 등의 슬로건 아래 개혁에 대한 열망을 전 사회로 확장하는 새로운 지평을 열었다. 개혁 정책은 서독의 사회구조를 이전보다 민주화 시켰으며 동시에 사회안전망을 대폭 확대하고 촘촘하게 만들었다. 하지만 국내 개혁은 미완성이었다. 적지 않은 개혁 정책들이 실현되지 못한 채 도중에 중단되었다. 빌리 브란트는 나중에 "연정과 정부 여당이 힘을 다해 현실성 있는 개혁 작업을 의회에서 법제화해야 했었는데 … 그렇게 하지 못했다"고 인정했다. 왜냐하면 이러한 개혁 정책들은 경제성장이 장기적으로 지속되리라는 가정에 근거한 것이기 때문이었다.

빌리 브란트 집권 기간은 서독 경제가 호황에서 불황으로 넘어가는 시기였다. 그의 집권 기간은 전후 수십 년 동안 '라인강의 기적'으로 지칭된 서독의 눈부신 경제성장이 종식되고 경제 위기가 다가온 시기였다. 이미 1960년대 후반부터 기업의 이윤율이 하락했고, 중동전쟁에 따른 오일쇼크는 원유 가격을 대폭 상승시켰다. 석유 수입량의 75%를 아랍 국가들에게 의존했던 서독도 예외가 아니었다. 원유 가격의 급등은 1973년 경제 기적의 나라에서 어느 누구도 상상할 수 없었던 장면을 연출하게 만들었다. 해마다 늘어나던 자동차 행렬 대신에 4번째 일요일마다 독일 거리에는 보행자, 자전거 타는 사람, 말을 타는 사람들이 등장했다. 이는 전무후무한 '운전금지'의 결과였다. 게다가 고속도로와 국도에서 독일 상황에서는 상상조차 할 수 없는 속도제한이 실시되었다. 자유와 기동성 그리고 진보의 상징이었던 자동차 운전을 마음대로 할 수 없게 된 것이다. 그로 인해 서독 국민들은 실제 상황보다 위기를 더욱 심각하게 느꼈다.

그리고 경기침체에도 불구하고 물가는 상승했다. 서독은 제2차 세계대전 이후 처음으로 심각한 경제 위기에 직면하게 되었다. 1973년 1.2%였던 실업률이 1974년 2.6%로 치솟았다. 하지만 그에 대한 적절한 대응은 이루어지지 않았다. 오히려 '더 많은 민주주의'를 위한 개혁 과제들이 국가 재정에 과도한 부담을 주는 상황을 초래했다. 동방정책에 밀려 대정부 공격에 별다른 재미를 못 보던 기민당-기사당에게 인플레이션은 안성맞춤의 호재였다. 1970년 9월 재무장관 알렉스 묄러(Allex Möller)가 1971년 회계연도 예산안을 제출했을 때, 어느 기민당 의원이 그의 말을 막으면서 묄러와 그의 정부가 1921-3년과 1945-8년의 인플레이션에 이은 "제3차 독일 인플레이션"을 준비하고 있다고 질타했다.

경제상황이 점점 더 어려워지자 경제 분야에서 빌리 브란트의 의심스런 능력이 명백히 드러나게 되었다. 1972년 빌리 브란트의 첫 임기가 끝나자 사람들은 그를 '허약한 총리'라고 불렀다. 《슈피겔》지는 빌리 브란트를 "경제 초년병"이라고 냉소적으로 불렀다. 더 나아가 《슈피겔》지는 빌리 브란트가 처한 상황을 "기념비가 무너지고 있다"는 우울한 헤드라인으로 묘사했다.

설상가상으로 1974년 빌리 브란트가 오일쇼크와 관련하여 최악의 상태에서 벗어나자마자 공공부문·운송·교통 노동조합은 15%의 임금 인상을 요구했다. 당시 이 요구는 공공재정이 고갈되었음을 고려할 때 다소 지나친 것이었다. 전국적인 총파업이 시작된 지 이틀이 지난 후 빌리 브란트는 굴복하고 만다. 하인츠 클룬커(Heinz Kluncker) 공공부문·운송·교통 노조위원장은 1974년 2월 13일 같은 당 출신인 빌리 브란트에게 11%의 임금 인상을 관철시킨 것이다. 빌리 브란트는 그 전에 두 자릿수 임금인상을 여러 차례 거부했기에, 국민들에게 이 사건의 파장은 매우 컸다. 이로 인해 당시 서독 국민들은 총리의 사퇴가 '시간문제'라고 인식하게 되었다. 그로부터 며칠 뒤 빌리 브란트는 그 대가를 치러야 했다. 1974년 3월 3일 함부르크 선거에서 사민당은 10% 이상의 지지를 상실했다. 그리고 빌리 브란트의 정치적 입지는 당내 갈등과 연정 파트너인 자민당과의 갈등으로 인해 협소해졌다. 이러한 과정을 통해 빌리 브란트의 정치적 장악력이 현저히 떨어지면서 실질적인 권력누수 과정이 본격화되기 시작했다.

최장기 사민당 총재로 합의를 중시

빌리 브란트는 1972년 불신임안이 부결되어 간신히 총리직을 고수했으나 사민당 의석의 과반을 잃었고, 이어 치러진 조기 선거에서 승리했지만 2년 뒤 비서인 귄터 기욤(Günter Guillaume)의 스파이 사건으로 총리직에서 물러남으로써 개인적인 패배를 겪어야 했다. 1973년 5월 연방헌법보위청은 내무부 장관 한스-디트리히 겐셔(Hans-Dietrich Genscher)에게 연방총리청 소속 수행비서관 기욤이 동독 비밀정치경찰인 슈타지(Stasi) 요원이라고 보고했다. 겐셔는 즉각 빌리 브란트에게 보고했는데, 빌리 브란트는 그 사실을 믿고 싶지 않아서였는지 심각하게 받아들이지 않았다. 빌리 브란트는 "절대로 그런 일이 있을 수 없다"고 하며 그 보고를 중요하게 여기지 않았다. 그에 따라 빌리 브란트는 그 이후에도 비밀문서에 대한 기욤의 접근을 중단시키지 않았다. 기욤은 여전히 빌리 브란트와 동행하면서 자유로이 거실 책상에 놓아둔 서류를 가져갔고 다른 서류를 날랐다. 기욤이 정작 체포된 것은 거의 1년이 지난 1974년 4월 24일이었다.

체포 당시 그는 큰 소리로 "나는 동독의 시민이고 장교입니다. 이 점을 존중해주시오!"라고 소리쳤다. 기욤의 이 발언으로 모든 것이 분명해졌다. 기욤이 스스로 자신이 스파이임을 실토한 것이다.

빌리 브란트는 1974년 4월 24일 이집트 여행에서 돌아와 공항에서 기욤이 체포되어 동독군대의 장교임을 고백했다는 보고를 받았다. 그때까지도 빌리 브란트는 기욤 체포를 화젯거리나 스캔들로 여겼을 뿐 위기로 생각하지 않았다. 따라서 며칠 동안 '총리 사임'이라는 표현은 언급조차 되지 않았다. 하지만 베너는 이미 빌리 브란트를 지지할 의향이 없었고, 여론은 악화되기 시작했다. 결국 빌리 브란트는 5월 6일 "존경하는 대통령 각하! 저는 기욤 스파이 사건과 관련하여 과실에 대한 정치적 책임을 지고 총리직에서 물러납니다"라고 직접 사임서를 작성하고 총리직에서 물러났다.

물론 빌리 브란트의 사임 이유를 전적으로 기욤 사건에서 찾는 것은 옳지 않다. 빌리 브란트의 사임은 동방정책과 관련된 국내 분열, 국내 개혁의 범위 및 속도와 관련된 극단적인 대립 그리고 세계 경제 위기에 대한 부적절한 대응 등이 근본적인 원인이었다. 그럼에도 불구하고 기욤 사건이 총리 사임의 계기가 된 것은 사실이었다. 더욱이 빌리 브란트는 당시 심리적, 육체적 상태가 별로 좋지 않았다. 빌리 브란트는 나중에 만약 자신의 상태가 좋았다면 다르게 행동했을 것이라고 회고했다.

빌리 브란트는 사임 이후 총리 시절에는 어쩔 수 없이 접었던 사민당 활동에 적극적으로 참여했다. 그는 1973년 4월 하노버 전당대회에서 총 428표 가운데 404표를 득표했다. 당시 사민당은 당내 여러 정파들의 노선 다툼으로 혼란에 빠져있었는데, 사민당을 하나로 통합시킬 수 있는 유일한 인물이 빌리 브란트였다. 이로써 빌리 브란트는 1964년 2월 16일부터 1987년 3월 23일까지 23년간 사민당 역사상 최장기 총재를 역임하게 된다.

그러나 처음에 당내 분위기는 빌리 브란트에게 우호적이지 않았다. 그런데 1974년 총리직을 사임하고 당으로 돌아온 뒤 그동안의 성과와 당내외적 조건의 변화로 비로소 당내 지지 기반이 대폭 강화되었다. 빌리 브란트의 지지 기반이 강화되었던 것은 그의 특유의 리더십 때문이었다. 빌리 브란트가 '완전히 다른 당 대표'로 간주되었던 이유는 우선 당내의 개방적 토론문화에 대한 강조 때문이었다. 빌리 브란트는 자신의 참모나 비서들과 항상 토론했고, 당내 회의나 정책결정기구들에서도 항상 신중하고 개방적으로 토론하고 협의하도록 만들었으며, 결정은 그 모든 과정 끝에 내려지도록 했다. 그 과정에서 그는 필요하다면 자신의 의견과 입장을 가지고 직접 당원들을 만나 그들과 함께 토론했다. 당원들에게 공개편지를 보내는 일도 잦았고, 당원들을 당의 토대로 항상 존중하며 그들을 진지하게 대화의 상대로 끌어올렸다. 그는 이런 방식으로 '토론의 자유'를 제공하며 당내 다양한 정치적 조류들의 충돌을 조정하고 갈등을 사전에 방지하고자 했다. 빌리 브란트는 1976년 한 저서에서 자신의 리더십을 다음과 같이 요약했다.

"나는 … 가능하면 합의를 통한 업무 스타일을 실천하려고 노력했다. 이미 사전에 결정된 내 의견을 확인하기 위해서 단지 동의를 구하는 식의 토론을 하는 것은 내가 원하는 것이 아니었고 지금도 마찬가지이다. … 당 지도부 회의에서 하나의 합의를 만들어나가는 것이 더 생산적이다. 나에게 중요한 것은 어떤 문제에 대해 서로 의견이 다를 때도 인간적 결속을 유지하기 위해 애쓰는 것이다."

물론 끝없이 반복되는 토론 과정에 그 자신도 자주 진저리쳤고, 더 효율적인 결정 방식과 수단이 있다는 것도 알고 있었다. 그렇지만 빌리 브란트는 강력한 권위적 리더십에 대해 회의적이었고, 항상 토론하고 숙의한 뒤 시간이 무르익고서야 결정했다. 그는 때때로 강력한 리더십을 보여주어야 하지 않겠냐는 측근의 질문에 "책상을 친다고 무슨 필요가 있겠소? 책상에 흠집이 나고 아무에게도 소용없는 걸"이라고 대꾸했다.

빌리 브란트에게 있어 '이것이냐 저것이냐', '친구냐 적이냐' 하는 말은 연극 무대 혹은 독재자에게나 적합한 것인지 결국 권장할 만한 것이 아니었다. 그에게 있어 양자택일식의 결정은 대안이 없음을 선언하는 것이기에 정치적 무능력의 증거로 간주되었다. 이러한 의미에서 빌리 브란트의 정치적 리더십은 '이것과 마찬가지로 저것도 또한(Sowohl-als-auch)'을 적용한 것이다.

하지만 그의 스타일은 당원들뿐만 아니라 당내 주요 정치가들도 감당하기 힘든 것이었다. 1969년부터 1972년까지 연방특임 장관 및 총리실장을 역임한 호르스트 엠케(Horst Ehmke)는 빌리 브란트를 햄릿에 비유하기도 했고, 더 나아가 "그는 보스가 되려 하지 않는다"

라는 말로 비난했다. 그리고 베너는 "그는 항상 미지근한 물에 샤워한다"며 그의 우유부단함을 공개적으로 비웃었다. 이러한 평가들은 소통과 조정으로 새로운 비전을 제시하는 그의 스타일이 다른 측면에서는 결단력의 부족, 추진력의 결여 그리고 강력한 리더십의 부재로 비추어질 수 있음을 보여주고 있다. 그때마다 빌리 브란트는 자신의 원칙에 전혀 흔들림이 없었다. 그는 오히려 당내의 의견을 조정하여 이루어지는 신중한 결정과정을 통해 당내 갈등을 최소화하고 당의 결속을 강화했다.

그 과정에서 빌리 브란트는 당내 다양한 정파와 조류들을 아우르는 통합적인 리더로 더욱 부상할 수 있었다. 이를 바탕으로 빌리 브란트는 사민당 통합의 구심으로서 학생, 지식인 그리고 중산층을 포괄하는 소위 68혁명 세대를 광범위하게 흡수하여 급격한 당세 확장을 주도하게 된다. 그는 사민당을 이전보다 더 강력하게 보다 왼쪽에 있는 좌파에게 개방했고, 사민당 노선에 부정적인 청년들에게 일종의 '정치적 고향'을 제공하고자 했다. 1969년에서 1976년까지 사민당은 40만 명의 신입당원들을 확보했는데, 그 대부분이 30세 이하의 청년들이었다. 그들은 자신들의 정체성을 찾기 위해서라도 당내 토론문화의 활성화를 적극적으로 요구했다.

세계평화와 남북문제 해결의 중재자로

한편 빌리 브란트는 사민당 총재직을 계속하면서 1976년부터 사회주의 인터내셔널(Socialist International: SI) 의장을 맡아 전 세계를 누비고 다녔다. 여기서 볼 수 있듯이 그는 제자리에 머물지 않고 계속해서 새로운 과제에 도전하는 여행자였다. 사회주의 인터내셔널 의장으로서 빌리 브란트의 관심사는 세계적인 차원으로 확장되었다. 특히 그는 '제3세계'에 주목했는데, 협력과 지원을 통해 잘 사는 북반구와 못 사는 남반구 세계를 연결해 세계 공동의 번영과 평화를 일구어내고자 했다. 빌리 브란트는 빈곤, 전쟁 그리고 불평등이 지구적 차원의 연대가 없다면 지속적으로 악화될 것이라고 생각했다. 또한 그는 이러한 문제들을 극복하기 위해서는 사회주의 인터내셔널이 '협력의 틀(framework of cooperation)'이 되어야 한다고 생각했다.

이러한 활동 과정에서 세계은행 총재 로버트 S. 맥나마라(Robert S. McNamara)는 1977년 빌리 브란트에게 지구촌 빈부격차 해소와 기아, 독재, 내전에 허덕이는 제3세계의 문제를 해결하는 데 앞장서 달라고 요청했다. 맥나마라는 바에게 "빈곤에서 벗어나기 위한 계획으로 UN에 독립적인 위원회를 구상하고 있습니다. 그처럼 중요한 세계 문제를 해결하기 위해서는 최소한의 방향을 설정해야 합니다. 위원장에 빌리 브란트 같은 인물이 최적임자 같은데 빌리 브란트가 맡을 의사가 있을까요"라고 의사를 타진했다. 바가 본으로 귀국한 후 맥나마라의 생각을 전하자, 빌리 브란트는 처음에는 그 분야에 전문적인 지식이 없다며 주저하다가 결국 위원장직을 수락하기로 결심한다. 마침내 빌리 브란트는 1977년 9월 뉴욕에서 기자회견을 통해 국제 개발 문제를 위한 독립위원회를 창설하려는 맥나마라의 계획을 수용하고 자신이 〔국제개발문제독립위원회〕, 소위 〔남북위원회〕 위원장직을 맡겠다고 선언했다.

빌리 브란트는 〔남북위원회〕에 소련을 비롯한 동유럽 국가들을 가입시켜 명실 공히 세계적인 차원에서 남반구 빈곤 및 저개발 문제를 해결하고자 했다. 그런데 〔남북위원회〕는 21명의 위원들로 구성되어 있었는데 합의를 도출하기가 쉽지 않았다. 선진국, 개발도상국, 저개발국에서 온 21명의 〔남북위원회〕 위원들은 지시를 내리는 데에는 익숙하지만 명령을 받아들이는 데는 익숙하지 않은 사람들이었다. 〔남북위원회〕는 이해관계가 상이하고 다른 신념체계를 가진 대표들로부터 공통분모를 도출해야만 유지될 수 있었다. 표결을 통해 과반수에 이른다는 시도는 〔남북위원회〕를 해체시켰을 것이다. 하지만 빌리 브란트는 합의를 거쳐 의견일치에 도달하는데 유능했다.

'주의 깊게 듣고, 대립적인 입장을 수용하고, 중재하기.' 그는 이것을 할 수 있었고 바로 그런 능력이 요구되었다. 빌리 브란트는 오랜 시간동안 심각하게 토론한 뒤 공통분모를 찾기 위해 노력을 기울였다. 그리고 모든 사람들은 그 결과물을 공정한 것으로 받아들였다. 이러한 결과물로 나온 것이 약 300페이지에 달하는 「생존을 보장하라. 선진국과 개발도상국의 공동 이해」라는 일명 「브란트 보고서(*Brandt Report*)」(1980년)이다. 빌리 브란트는 "역사는 우리에게 어떻게 전쟁이 기아를 초래하는지 가르쳐주었다. 하지만 우리는 대량 빈곤이 혼란으로 끝날 수 있다는 것을 별로 인식하지 못했다. 기아가 만연하는 곳에 평화가 성립될 수 없다. 전쟁을 배척하고자 하는 사람은 대량 빈곤도 없애야만 한다"고 주장하면서 "영양실조, 문맹, 질병, 높은 출생률, 실업과 저소득—이 모든 것이 가능한 출구를 봉쇄하는 데 함께 작용한다"고 언급했다.

시류에 맞선 변혁적 리더, 여정을 마무리하다

빌리 브란트에게 1991년 10월 초 췌장암 진단이 내려진다. 얼마 뒤 그는 쾰른 대학병원에서 수술을 받는다. 그는 1992년 3월 마지막으로 대규모 행사에 등장하여 "앞을 향한 시선은 과거의 유령에 의해 방해되어서는 안 된다"고 말했다. 그리고 1992년 10월 8일 오후 4시 35분경 빌리 브란트는 라인 강변의 운켈에 있는 자택에서 사망하면서 파란만장한 여정을 마무리한다.

빌리 브란트는 사생아였던 어머니에게서 그 또한 '사생아'로 태어나 생부를 한 번도 만나 본적이 없는 상실감 속에서도 나치에 저항하기 위해 조국을 등지고 머나먼 망명길에 올랐다. 그러나 돌아온 조국은 그를 낯선 사람, 아니 더 나아가 '조국의 배신자'로 낙인찍었다. 이러한 주홍글씨는 그의 정치적 역정에서 중요한 시기 때마다 그를 괴롭혔다. 그는 이러한 아픔으로 인해 몇날 며칠 동안 아무런 활동을 하지 못하는 '육체적 쇠락을 동반하는 정신적 고통'에 시달렸다.

또한 빌리 브란트는 쉽게 다치고 예민하며 갈등을 싫어했다. 그래서 그는 어느 누구에게도 내면의 모습을 보여주지 않았다. 그래서 빌리 브란트에게는 그를 믿는 사람은 많았지만 그와 진정으로 가까운 사람은 없었다. 사람 사귀기는 그의 장점에 속하지 않았다. 이러한 그의 특성 때문에 빌리 브란트를 리더에 적합하지 않다고 평가할 수도 있을 것이다.

그러나 빌리 브란트는 죽은 과거가 살아 생동하는 현재와 미래를 집어삼키는 것을 용납하지 않았다. 빌리 브란트는 시류에 굴복하거나 상황에 이끌려 자신의 생각을 포기한 적이 없었다. 왜냐하면 그는 인생을 살면서 "역사는 필연적인 결과가 아니라 행동하는 인간에게 달려 있다"고 생각했기 때문이다. 그는 자신에게 주어진 개인적·역사적 상황과 조건에 순응하기보다는 이를 변화시키기 위해 적극적으로 비전을 제시했다. 그는 깊숙한 내면에서 나온 '자기존중'의 원칙에 바탕을 둔 비전으로 대중들에게 진정성 있게 다가갈 수 있었고 '시류에 맞서' 새로운 역사를 개척해 나갈 수 있었다.

빌리 브란트는 1971년 12월 11일 노벨 평화상을 수상하면서 "저는 살아오면서 수많은 환상이 피었다가 사라지는 것을 지켜보았습니다. 수많은 혼돈과 현실 도피 그리고 단순화를 보았습니다. 어떤 곳에서는 책임감이 부족했고 다른 곳에서는 상상력이 부족했습니다. 저는 또한 신념, 불굴의 의지, 연대에 대한 믿음이 의미하는 바를 경험하기도 했습니다. 저는 도덕의 힘이, 특히 뼈아픈 고난의 시대에 어떻게 발전하고 성장할 수 있는지 압니다. 일찍이 사망 선고된 수많은 것들이 생존력을 입증했습니다"라고 어쩌면 타인뿐만 아니라 자기 자신에게 전하고 싶은 내용을 담담하게 말했다.

시류에 맞서 비전을 제시한 빌리 브란트는 강함과 약함을 모두 가진 사람 그리고 무엇보다 패배에도 포기하지 않는 사람이었다. 그는 삶의 과정 속에서 흔들리고 절망하면서도 또다시 희망을 꿈꾸는 너무나 인간적인 사람이었다. 그래서 빌리 브란트는 자신의 묘비에 그저 "애썼다"라고만 적어주기를 바랬을 것이다. 그의 장례식에서 슈베르트의 '미완성 교향곡'이 연주된 것이, 마치 현재를 살아가는 사람들이 여전히 시류에 맞서 희망찬 비전을 제시하는 리더를 바라고 있는 것처럼 보이는 것은 우연이 아닐 것이다.

1913년 독일 뤼벡에서 사생아로 출생. 본명은 헤르베르트 에른스트 칼 프
       람.

1930년 독일 사민당에 입당.

1931년 독일 사민당을 탈당. 보다 급진적인 독일사회주의노동자당에 입당.

1933년 나치의 박해를 피해 노르웨이로 망명하면서 '빌리 브란트'라는 이
       름으로 개명.

1938년 나치에 의해 독일 국적을 상실.

1940년 노르웨이 시민권을 획득. 독일군의 노르웨이 점령 시 포로 생활을
       경험. 포로에서 석방된 후 스웨덴으로 또다시 망명.

1948년 베를린으로 귀환.

1948년 독일 사민당에 재입당.

1949년 제1, 2대 독일연방의회 의원으로 활동.

1957년 서베를린 시장으로 선출(1957-1966).

1961년 독일연방공화국 사민당 총리 후보로 선출.

1964년 독일 사민당 총재로 선출되어 1987까지 최장기 총재 역임(1964-
       1987).

1966년 기민당-사민당 대연정 시기 외무장관을 역임(1966-1969).

1969년 사민당-자민당 연정으로 제4대 독일연방공화국 총리로 취임.

1970년 동방정책을 추진. [모스크바 조약]과 [바르샤바 조약] 체결.
       독일 분단 이후 서독 총리로서 동독 에르푸르트 첫 방문.

1971년 동방정책으로 노벨 평화상 수상.

1972년 빌리 브란트에 대한 불신임안이 부결됨. [동서독 기본 조약] 체결.

1974년 총리 비서인 귄터 기욤이 스파이로 밝혀지면서 총리직에서 사임.

1976년 사회주의 인터내셔널 의장으로 선출.

1977년 남북문제위원회 위원장을 수락.

1987년 사민당 총재를 사임하고 명예총재로 선출.

1990년 독일 통일.

1992년 췌장암으로 사망.

✿ 참고문헌

강원택 외.『위기를 극복한 세계 리더들』(서울: 북하우스, 2012).

그레고어 쉴겐. 김현성 옮김.『빌리 브란트』(서울: 빗살무늬, 2003). Schöllgens, Gregor. *Willy Brandt – die Biographie*. Econ Ullstein Verlag. 2001.

귀도 크눕. 안병억 옮김.『통일을 이룬 독일 총리들』(서울: 한울, 2000).

노명환. "빌리 브란트의 망명시기 유럽연방주의 사상과 구성주의 시각."『역사문화연구』제53집. 2015.

데니스 L. 바크·데이빗 R. 그레스. 서지원 옮김.『도이치 현대사 3』(서울: 비봉출판사, 2004).

빌리 브란트. 정경섭 옮김.『빌리 브란트: 동방정책과 독일의 재통합』(서울: 하늘땅 신서, 1990).

에곤 바. 박경서·오영옥 옮김.『독일 통일의 주역, 빌리 브란트를 기억하다』(서울: 북로그컴퍼니, 2014).

이동기. "빌리 브란트, 민주사회주의와 평화의 정치가."『역사비평』102호. 2013.

이용일. "독일－폴란드 관계정상화를 위한 '감정의 정치'."『역사비평』111호. 2015.

이진모. "'내적 개혁'과 '적극적' 사회정책: 70년대 사민당 사회정책 재조명."『역사와 담론』제70집. 2014.

제임스 맥그리거 번스. 조중빈 옮김.『역사를 바꾸는 리더십』(서울: 지식의 날개, 2006).

조지프 나이. 김원석 옮김.『조지프 나이의 리더십 에센셜』(서울: 교보문고, 2008).

칼 마르크스. 임지현·이종훈 옮김. "루이 보나파르트의 브뤼메르 18일."『프랑스 혁명사 3부작』(서울: 소나무, 1993). Marx, Karl. *Der achtzehnte Brumaire des Louis Bonaparte. Geschrieben Dezember 1851 bis März 1852*, Erstmalig veröffentlicht in: "Die Revolution. Eine Zeitschrift in zwanglosen Heften." New York 1852. Erstes Heft.

통합유럽연구회.『인물로 보는 유럽 통합사』(서울: 책과 함께, 2010).

✿ 인터넷 자료

빌리 브란트 재단 http://www.willy-brandt.de.

Luis Ayala. "Willy Brandt-in celebration of the centenary of his birth." 18 December 2013 http://www.socialistinternational.org/viewArticle.cfm?ArticleID=2279(검색일: 2015년 9월 10일).

Stephen Kinzer. "Willy Brandt Is Remembered By the High and the Common." 18 October 1992. http://www.nytimes.com/1992/10/18/world/willy-brandt-is-remembered-by-the-high-and-the-common.html(검색일: 2015년 10월 2일).

Charles De Gaulle

샤를 드골, 안상욱(부경대학교)

4장
결단과 화해의 지도자

"전반적인 절망과 허무 속에서 나의 사명이 뚜렷해졌음을 발견했다. 프랑스 역사의 최악의 순간에 프랑스를 구하는 것이 나의 사명이다."

드골은 이 말을 그의 회고록에 적었다. 그가 영국에서 망명정부를 구성했을 때 프랑스 수도 파리는 나치 독일군의 군화 아래 짓밟혔고 프랑스의 절반이 나치 독일에 의해 점령당했으며, 나머지 절반도 친(親)나치 괴뢰정권인 비시(Vichy) 정권이 지배하고 있는 상황이었다.

○ 제2차 세계대전 중 프랑스의 분할

제2차 세계대전 당시 절망적인 프랑스 상황을 반전시킨 리더십

드골은 조국이 나치 독일에 점령당한 상황에서 희망의 끈을 놓지 않고 '위대한 프랑스'를 재건하기 위해 노력을 기울였고, 그 결과 프랑스는 제2차 세계대전 이후 전승국의 지위로 세계무대에 복귀했다. 물론 드골의 노력이 쉽게 결실을 맺은 것은 아니다. 드골은 본인에게 주어진 시련을 극복했고 그 결과 프랑스의 전승을 가져올 수 있었다.

"지금 런던에 있는 나, 드골 장군은 요청합니다. 현재 영국 영토 안에 있든가 영국에 오게 될 프랑스 장교와 병사들에게 저와 함께할 것을 호소합니다"라고 런던 망명시절 드골은 BBC 라디오 방송에서 호소했다.

○ BBC 라디오 방송에서 연설을 하는 드골 장군

드골의 방송을 듣고 드골 진영에 가담한 장병의 숫자는 그리 많지 않았다. 게다가 프랑스 국내에서 레지스탕스 운동의 중심에 있던 세력은 공산당 등 좌파세력이었다. 실제로 제2차 세계대전 직후 총선에서 프랑스 공산당은 과반수 의석을 차지하지는 못했지만 의회 제1당으로 부상했다. 드골이 망명했던 영국에서 영국정부도 드골에게 전폭적으로 힘을 실어 주지 않았다. 심지어 영국 수상 처칠은 드골이 1941년 9월 해외 프랑스 세력 결집 시도 이후 런던에 돌아와서 면담을 신청했을 때, 12일 동안 기다리게 하는 수모를 주기도 했다.

미국과 영국 군대가 북아프리카에 상륙했을 때도, 드골은 철저하게 무시당했다. 그리고 페탱 장군이 이끄는 프랑스 비시 정부가 나치 독일에 항복한 상황에서 연합군은 프랑스군에 대해서 반신반의하는 분위기가 팽배했다. 실제로 페탱 정부 수립 후에 런던 주재 프랑스 대사관은 비시 정부에 충성했고, 1940년 6월 30일 드골 장군에게 명령 불복종에 대한 재판 준비를 위해 프랑스 툴루즈의 생-미쉘 구치소로 출두하라는 비시 정부의 명령을 전달했다. 드골은 참가하지 않았던 이 재판에서 드골은 4년 징역형과 벌금 10만 프랑을 부과 받았다. 1940년 7월 초에 열린 상고심 결석재판에서 탈영 및 외국 정부를 위해 복무한 혐의로 비시 정부의 프랑스 법정은 드골에게 사형을 선고했다.

이처럼 비시 정부의 친(親)나치 성향 때문에 연합국은 프랑스 비시 정부를 신뢰할 수 없었다. 그리고 비시 정부의 영향력이 컸던 북아프리카 알제리의 메르스 엘 케비르(MERS EL KEBIR) 항구에 있는 프랑스 함대 지휘관에게 영국군은 최후통첩을 내리기까지 했다. 영국군은 최후통첩으로 프랑스 함대 지휘관이 영국 해군과 동참하여 독일군에 저항하거나, 프랑스 해군 필수인원으로 군함을 이끌고 영국으로 가서 영국군에 선박을 내어주고 프랑스로 송환되거나, 독일군 손이 미치지 않는 서인도제도의 프랑스령 마르티니크 섬에서 무장해제를 당하는 방법을 제시했다. 물론 프랑스 함대 지휘관인 마르셀 장술(Marcel Gensoul) 제독은 이러한 최후통첩을 거부했다. 결국 영국군은 메르스 엘 케비르(MERS EL KEBIR) 항구에 정박한 프랑스 군함에 포격을 가했다. 이 사건으로 1,300여 명에 달하는 프랑스 해군 병사가 전사했다.

또한 제2차 세계대전 초에 미국정부는 미국과 캐나다 앞바다에 있는 프랑스 영토인 셍-피에르-에-미켈롱(Saint-Pierre-et-Miquelon)이 나치 독일의 영향 아래 들어가는 안보 문제를 해소하기 위해서 이 섬을 점령하려 했다. 그러나 미국은 자유 프랑스군이 노바 스코샤(Nova Scotis), 핼리팩스(Halifax)에서 출발하여 섬을 점령하는 것을 반대했다. 그 대신 미국은 캐나다군이 작전을 수행하는데 동의하는 정도였다.

설상가상으로 프랑스 주요 식민지에서 드골에 충성하는 지역은 거의 없었다. 심지어 비시 정부의 통제 하에 있던 서아프리카의 다카르(오늘날 세네갈의 수도)를 점령하기 위해서 1940년 9월 23일 드골의 자유 프랑스군과 영국군은 연합작전을 펼쳤지만 결과는 참담했다. 항구에 정박해 있었던 프랑스 잠수함이 영국군을 어뢰로 공격했고, 결국 영국군은 인근의 아프리카 영국 식민지로 퇴각했다. 이 사건으로 드골이 이끄는 자유 프랑스 내부에 심각한 보안 문제가 있다는 소문이 돌면서, 영국군 내부에서는 드골과 그 동료를 신뢰할 수 없다는 분위기가 조성되었다. 실제로 다카르 연합작전의 실패 이후 드골은 자살까지 고려했었다.

1941년 가을에 자유프랑스 대표로 르네 플레방(René Pleven)이 워싱턴을 방문하여 루스벨트 대통령과 코델 헐(Cordell Hull) 국무장관과의 면담을 요청했으나 아무도 만나주지 않았다. 플레방을 만났던 국무차관 섬너 웰스(Sumner Welles)의 응대도 매우 차가왔다.

　　그러나 드골은 상황을 역전시켰고, 세계무대에 당당하게 복귀했다. 이는 드골의 전략적 유연성에 있다. 드골은 공산주의자와 거리가 멀었었고, 반나치 레지스탕스 운동이 본국에서 공산주의자에 의해서 주도될 때 반나치 레지스탕스 세력과 일정한 거리를 두고 있었다. 그러나 영국과 미국에서 프랑스의 저항운동을 인정받기 위해서 이들과 연대하는 것도 주저하지 않았다.

　　실제로 드골이 임시정부 성격을 갖고 있었던 〈프랑스 국민위원회(CNF: le Comité national français)〉를 1941년 9월 24일에 구성했을 때, 프랑스 국민위원회를 가장 먼저 승인한 것은 영국이나 미국이 아닌 소련이었다. 소련은 이틀 뒤인 9월 26일 '프랑스 국민위원회'를 승인했다.

　　또한 미군과 영국군의 연합군이 프랑스령 북아프리카에 상륙하는 '횃불 작전(Operation Torch)'을 1942년 11월에 감행했을 때, 드골은 철저하게 무시당했다. 이 때문에 드골은 그가 프랑스의 레지스탕스 운동을 주도하고 있다는 것을 연합국에 보여줄 필요가 있다는 것을 통감하고 프랑스 내에서 각 세력별로 산발적으로 일어나고 있는 저항운동을 그의 주도 아래 통합하려 했다. 레지스탕스 운동의 중심체였던 공산주의자의 참여도 당연히 필요하게 되어 드골파와 공산당 대표와의 회담이 1942년 11월 23일에 시작되어, 1943년 2월에는 드골파와 공산당 및 국내 레지스탕스 세력이 비밀협정을 체결했다. 그 결실로 1943년 5월 27일 파리 중심부에서 비밀리에 〈전국저항평의회(Conseil de la Résistance)〉가 개최되었다. 전국저항평의회에 참석한 단체는 8개의 레지스탕스 조직과 6개의 기존 정당(공산당, 사회당, 급진사회당, 인민민주파, 민주동맹, 공화동맹)이었다. 보수정당이 참여했지만, 레지스탕스 운동을 좌익세력이 주도하여 좌익 색채가 농후했던 전국저항평의회에서 비시 정권의 모든 법령이 폐기되었고, 드골이 레지스탕스 운동의 최고지도자에 만장일치로 선출되었다.

알제리에서는 미군의 보호 아래 앙리 지로(Henri Giraud) 장군 주도로 〈프랑스 군사민간 통감부(Commandement en chef français civil et militaire)〉라는 조직이 운영되었다. 프랑스 군사민간 통감부는 드골 산하의 저항단체와 경쟁구도에 있는 조직이었다. 그러나 드골의 인기가 점차 상승하면서 미국 역시 드골을 무시할 수 없었다. 루스벨트 대통령 역시 "드골 지도 아래 있는 프랑스 국민의 공통된 감정은 장래 프랑스 정부 수반으로 드골을 선택했기보다는 미국, 영국과 더불어 독일과 전쟁을 계속 수행하겠다는 프랑스인의 의지가 반영된 것이다"라고 언급하면서 드골을 지지하지 않을 수 없었다.

1943년 5월 튀니지의 독일군과 이탈리아군이 항복하고 연합군의 북아프리카 전쟁이 종결되었을 때, 자신의 조직을 지로 장군의 '군사민간 통감부'와 통합하여, 〈프랑스 국민 해방위원회(CFLN: Comité français de Libération nationale)〉를 구성했다. 〈프랑스 국민 해방위원회〉의 창립대회 연설에서 드골은 비시 정권 단죄의 필요성과 레지스탕스가 국민의 의사라는 점을 강조했다. 프랑스령 아프리카 식민지의 민족대표들도 각 민족 자치의 허용을 조건으로 드골 정부를 승인했다. 프랑스 국민 해방위원회는 프랑스 공산당을 불법화한 1939년 9월 법령을 폐기하여, 아프리카에서 복역하고 있던 약 400명의 공산당원을 석방했다. 이처럼 드골은 본인의 확고한 철학을 굽히지 않으면서도, 전술면에서는 유연하게 타협하여 본인의 조직을 더 큰 조직으로 발전시키는데 크게 기여했다.

드골의 노력에 힘입어, 1944년 8월 24일 다른 연합군 부대보다 앞서서 르클레르크 장군의 선발 탱크부대는 시민들의 환호를 받으며 파리 시청사 앞에 도착했다. 르클레르크 사단이 파리에 도착한 후에도 독일군의 저항은 계속되었으나 1944년 8월 25일 3시 35분 파리지구 독일군 사령관은 프랑스군에게 항복했다. 같은 날 오후 5시에 드골 장군이 파리에 도착했을 때, 파리 시민들은 시청 광장에 모여들어 드골의 도착을 열렬히 환영했다. 이로서 드골은 영국 망명 생활의 종지부를 찍고 프랑스에 개선장군으로 귀환했다. 이 과정에서 많은 난관을 겪었지만 드골은 끝까지 굴하지 않고 연합군과 협력하여 프랑스를 나치 독일로부터 구하는데 성공했을 뿐만 아니라, 프랑스 해방 과정에서 국내의 다양한 스펙트럼의 저항세력과 연대하여 결코 미국과 영국 등 연합군에 해방정국의 주도권을 빼앗기지 않았다. 그리고 프랑스가 주체적으로 해방정국을 주도하면서 프랑스는 세계질서를 주도했던 국가로서의 자존심을 지킬 수 있었다.

이분법적 냉전질서를 뛰어넘어 국익을 극대화한 드골의 리더십

프랑스는 중국과 1964년에 수교했다. 미국이 1979년에, 일본이 1972년에 중국과 수교한 것에 비하면 냉전 시기에 대단히 빠른 결정이었다. 실제로 드골은 제2차 세계대전 직후에도 국제정세에 대단히 유연하게 대응했다. 드골은 파리 해방 후에 그의 신념인 '위대한 프랑스(La grandeur de la France)'를 재건하려 했으나 연합군의 지지를 얻지 못했다.

따라서 냉전이 시작되던 시기였지만, 드골은 미국, 영국과의 관계가 좋지 않을 때 소련과의 관계 개선에 힘썼다. 드골은 프랑스의 동맹관계는 서방국가에만 국한되지 않는다고 생각했다. 미국, 영국과의 관계가 원만하지 못할 때에 드골은 미국이나 영국 대사를 만나지 않았지만, 소련이 드골의 임시정부를 승인하지 않은 상태에서도 소련 대사와는 회견했다. 이는 드골이 미국과 영국을 견제하고, 소련의 협력에 힘입어 전후처리에서 프랑스의 입장을 유리하게 끌고 가고 싶었기 때문이다.

냉전이 격화되고 있는 상황에서 독일과의 전쟁이 끝나면, 미국-영국과 소련 사이에 전쟁이 발발할 것이라는 소문이 돌고 있었기 때문에, 소련 역시 프랑스와의 관계 호전에 주의를 기울이고 있었다. 1944년 12월 전후 처리를 위한 유럽자문위원회(Europe Advisory Committee)가 설립되었을 때, 프랑스 가입을 제안했던 국가는 미국이나 영국이 아닌 소련이었다. 이는 영국과 미국 등 연합국이 프랑스를 더 존중할 수 있는 방안을 강구하던 드골의 이해와 영국과 미국으로

부터 프랑스를 분리하려던 소련의 이해가 맞았기에 가능했던 일이
었다.

○ 모스크바를 방문하여 스탈린과 환담하는 드골 장군

드골은 소련의 초청으로 외무부 장관이었던 비도와 함께 모스
크바를 방문하여 스탈린, 몰로토프와 회담을 가졌다. 그 결과 1944
년 12월 10일 프랑스-소련 상호원조조약이 체결되었다. 프랑스-소
련 상호원조조약은 독일 나치에 대항해서 승리를 거두기 위해서 협
력하고, 두 번 다시 독일이 침략을 기도하는 일이 없도록 하자는 내
용이 주를 이루었지만, 이와 동시에 프랑스와 소련 양국이 상대방에
적대적인 동맹에는 가입하지 않는다는 약속이었다. 다시 말해, 프랑

스는 반소 동맹에 가담하지 않겠다는 확약을 내용으로 하는 조약이었다. 이를 통해 프랑스는 미국과 영국 위주의 질서에 끌려가는 것이 아니라 동서 간의 교량이 되어 국제적인 균형추로서의 소임을 다한다는 것이 프랑스의 생각이었다. 이미 제2차 세계대전 말부터 드골의 유연한 외교 방식은 주목받고 있었다.

물론 프랑스-소련 상호원조조약으로 프랑스의 외교적 지위가 단번에 높아진 것은 아니었다. 1945년 2월 제2차 세계대전 처리를 안건으로 했던 얄타회담 개최 당시 프랑스는 초청받지 못했다. 전후 유럽에서 평화가 회복되면 미군을 철수하겠다는 루스벨트 대통령의 입장에 반발하고 있었던 처칠은 영국의 균형주의 외교 전략에 따라서 전후 유럽 대륙에서 소련과 균형추를 이룰 중심국으로 프랑스를 주목했고, 처칠의 지지에 힘입어 프랑스는 UN 안전보장이사회 상임이사국 지위를 획득하게 되었다. 영국, 미국, 소련이 제2차 세계대전 당시 나치 독일에 대한 전쟁을 통해서 승전국의 지위를 차지했다면, 프랑스가 제2차 세계대전 이후 UN 안전보장이사회 상임이사국의 지위를 획득한 것은 프랑스의 외교력에 힘입은 바가 크다. 그리고 이는 프랑스의 국익에 대한 드골의 '위대한 프랑스(Grandeur de la France)' 사상 속에서 가능했던 것이다.

국내 반대 여론을 극복하고 식민제국을 종식시킨 추진력의 리더십

프랑스는 영국과 더불어 전 세계 각 대륙에 식민지를 운영한 식민제국이었다. 프랑스는 현재 캐나다의 일부와 미국의 일부 지역에서 식민지를 운영했을 뿐만 아니라 인도의 일부 지역 및 인도차이나에서도 식민지를 운영했다. 아프리카의 경우 북아프리카와 서아프리카 대부분의 지역이 프랑스 식민지 또는 보호령이었고, 또한 중동의 경우 현재의 시리아 및 레바논 지역이 프랑스의 보호령이었다. 현재까지도 오세아니아에서는 뉴칼레도니아(프랑스어로 누벨칼레도니Nouvelle-Calédonie) 지역, 태평양에서는 타히티, 서인도제도 및 남아메리카 대륙에는 기아나에 해외 영토를 보유하고 있다. 유럽 우주국(ESA)의 발사체인 아리안 로켓을 발사하는 우주센터도 남아메리카의 프랑스 식민지인 기아나에 있으며, 자크 시라크 대통령 시절인 1995년 프랑스가 마지막으로 핵실험을 실시했던 뮈뤼로아(Mururoa)도 남태평양의 프랑스 해외 영토에 위치한 환초이다.

이와 같은 프랑스의 식민제국에 종말을 고한 대표적인 사건은 드골 대통령 시기의 알제리 독립이었다. 1830년 프랑스군의 '알제리 원정'을 통해 식민지로 전락한 알제리는 이후 130년이 지나도록 프랑스의 지배하에 있었다. 피로 얼룩졌던 알제리 독립전쟁 이전에는 알제리인들이 프랑스에 대항해서 전면적인 무력투쟁에 나서지 않았다. 제2차 세계대전 당시 알제리인들은 프랑스군에 입대하여 독일에 대항해 싸우면서, 전쟁이 끝나면 프랑스로부터 공로를 인정받아 상당한 정도의 자치권을 얻을 수 있을 것으로 기대해왔다. 그러나 제2차 세계대전 종전 이후에 프랑스 식민정부는 알제리에 대한 지배체제를 강화하려고 시도했고, 알제리인들을 탄압했다.

1946년에 채택된 프랑스 제4공화국 헌법에서는 프랑스의 식민지와 부속 영토들이 본국과 더불어 〈프랑스 연합(L'Union française)〉의 일원이 될 것이라고 규정했다. 더구나 알제리는 프랑스 연합의 일원임과 동시에, 여느 식민지들과 달리 알제, 오랑, 콩스탕틴이라는 세 개의 도(département)로 이루어진 프랑스 공화국의 일부로 완전히 편입되었다. 이는 프랑스가 130년간 통치해온 알제리를 프랑스 본토로부터 분리할 생각이 결코 없음을 드러낸 것이었다. 그리고 상황은 1947년에 더욱 악화되었다. 프랑스 정부는 1947년 9월, 알제리 법령을 통해 120명의 의원으로 구성되는 알제리 의회가 출범할 것임을 공표했다. 그러나 120명의 의석 중 절반이 알제리 전체 인구의 10%에 불과한 유럽인 유권자에게 할당되었고, 전 인구의 90%를 차지하는 알제리인 유권자들에게 나머지 절반의 의석을 배정했다. 알제리인을 대표하는 의회에서 이와 같이 인구비례는 철저하게 무시되었고 알제리인은 이에 분노했다. 게다가 해당 법령에 따라 실시된 1948년 선거에서는 위협과 부정이 난무했다. 이에 알제리인들은 프랑스 정부에 대해 가졌던 마지막 기대를 거둘 수밖에 없었고, 이후 무장투쟁이 본격화되었다.

프랑스와의 무장투쟁을 위해 1954년 10월에 결성된 〈민족해방전선(FLN: Front de Liberation)〉은 11월 1일 만성절을 맞이해 대대적인 봉기를 일으켰고, 프랑스 군부대, 경찰서, 통신시설, 상점들이 공격을 받았다. 이에 11월 2일 의회 연설에서 피에르 망데르-프랑스(Pierre Menders-France) 총리는 알제리가 포기할 수 없는 프랑스의 영토임을 재확인했고 봉기를 강경 진압할 방침임을 밝혔다.

1955년 8월에는, FLN이 군사시설과 정부 관련 시설에만 공격을 집중했던 방식을 바꾸어 필리프빌 인근 지역에서 123명의 프랑스인 민간인 학살을 자행했다. 그리고 프랑스 정부의 보복 차원으로 행해진 군사작전에서 살해되거나 실종된 알제리인은 모두 12,000명에 이르렀다.

다음 해인 1956년에 프랑스 정부는 알제리 봉기를 진압하기 위해 40만 명의 병력을 투입했다. FLN 산하의 군사 조직인 〈민족해방군(ALN: Armée de Libération Nationale)〉은 규모와 화력에서 프랑스군에 비해 열세였기 때문에, 게릴라진으로 대항할 수밖에 없었다. 그러나 시간이 흐를수록 ALN은 공격 대상을 확대해갔다. 그들은 프랑스 민간인뿐만 아니라, 프랑스에 부역한 혐의가 있거나 ALN에 대한 지원을 거부하는 알제리인까지도 주저 없이 살해했다. 그러나 ALN의 이런 전략은 프랑스군의 더 가혹한 보복을 초래했다.

1957년 이후, 프랑스군은 게릴라의 은닉을 돕거나 물자를 제공한 혐의가 있는 알제리인에 대해 대대적인 보복을 가했다. 프랑스군은 혐의자 개인을 처벌하는 데 머물지 않고, 그가 속한 마을 전체를 공격하는 것을 원칙으로 삼았다. 이와 동시에 프랑스군은 게릴라에게 협력할 가능성이 있다고 판단되는 농촌 주민들을 통제가 용이한 집단 수용소로 강제 이주시켰다. 1957년부터 3년 동안, 200만 명의 알제리인이 이 계획에 따라 강제 이주를 당했다. 강제 이주를 당한 주민들은 경제적, 사회적 생활 토대를 잃고 빈곤에 시달려야 했다.

1958년 4월, 잦은 정권교체로 정정이 불안했던 프랑스 제4공화국에서, 내각이 또다시 붕괴했다. 좌우 정당들의 대립 속에서 기독민주주의와 중도좌파 성향의 〈인민공화운동(Mouvement républicain populaire)〉 지도자 피에르 플림렝(Pierre Pflimlin)이 총리가 되어 조각 가능성이 커지자, 이에 불만을 품은 알제리 주둔 프랑스군이 1958년 5월 13일 반란을 일으켜 〈공안위원회(Comité de salut public)〉를 구성하며 알제리의 권력을 장악했다. 플림렝이 과거 FNL과 협상을 시도했던 적이 있었기 때문에 알제리 주둔군과 극우 민간인들은 플림렝을 불신하고 쿠데타를 시도한 것이었다. 반란군은 5월 24일에 낙하산부대를 보내서 코르시카를 점령했고, 프랑스 본토까지 반란을 확대시켜서 정부를 전복할 계획을 세우기도 했다.

　한편 반란군의 쿠데타에 충격을 받은 중도좌파의 결속으로 플림렝 내각은 1958년 5월 14일 의회의 승인을 받았다. 군부 반란과 내전 위기에 처한 르네 코티 대통령에게 상황을 수습할 수 있는 방안은 두 가지였다. 이는 내전을 불사하거나 아니면 드골(Charles de Gaulle)에게 정계 복귀를 요청하는 것이었다. 드골의 정계 복귀가 사태 수습책으로 거론된 이유는 반란을 일으킨 군인들이 드골 지지자였기 때문이다. 반란군은 "드골에게 정권을!", "알제리는 프랑스 영토"라는 구호를 외치고 있었다. 1958년 5월 27일 드골은 자신이 내각을 꾸릴 의사가 있음을 밝혔고, 1958년 5월 29일 플림렝 총리는 사의를 표명하고 5월 31일 퇴임했다. 르네 코티 대통령은 드골에게 조각을 요청했고, 1958년 6월 1일 드골의 총리 임명은 의회의 승인을 받았다. 또한 드골은 의회에서 알제리 비상사태의 연장과 강력한 대통령제를 기초로 하는 신헌법(제5공화국 헌법) 초안을 국민투표에 부친다는 내용을 포함해 6개월간의 전권 위임을 요구하여 의회의 승인을 받았다. 이후 드골이 제시한 신헌법 초안이 9월 4일 발표되고, 9월 28일 이에 대한 국민투표가 프랑스와 프랑스의 해외 영토에서 실시되었다. 결과는 압도적인 찬성으로 신헌법이 국민투표에서 통과되었다.

총리 임명 직후인 1958년 6월 4일 드골은 알제리를 방문했다. 그리고 1958년 6월 4일, 군중들 앞에서 "나는 여러분들을 이해했습니다(Je vous ai compris)"라고 모호하게 외쳤다. 이는 알제리 식민주의자들이나 또는 알제리 독립을 주장하는 이들에게 모두 자신의 입장을 이해한 것처럼 들리는 고도의 정치적인 발언이었다. 또한 1958년 알제리 방문 당시 다음과 같은 선언을 했다.

- 인종, 성별의 차별 없이 모든 알제리 주민에게 참정권을 포함한 평등한 권리와 의무를 인정한다.
- 프랑스와 싸우고 있는 알제리인에게 화해의 문을 연다.

그러나 위의 선언 역시 알제리의 독립에 대해서 언급하지도 않았고, 알제리가 프랑스 영토라는 것을 강조하지도 않았다.

드골이 알제리 문제에 직면해 처음 생각한 것은 알제리에서 모든 주민들이 평등하게 참여하는 선거를 실시해서 온건한 민족주의자들이 프랑스 의회로 진출해 이들과 대화하는 것이었다. 그러나 선거 결과 프랑스 의회에 진출된 사람들은 식민주의자들이었다. FLN이 선거 보이콧을 선언해 이슬람교도인 알제리인 대다수는 선거에 참여하지 않았기 때문이다. 결국 알제리에서 온건세력을 육성하려는 드골의 의도는 실패했다.

정치가로서 드골의 장점은 필요에 따라 정책 전환을 과감하게 하는 탁월한 현실주의자라는데 있다. 1년 뒤인 1959년 9월 16일에 드골은 마침내 알제리의 민족자결권을 승인하는 성명을 발표하고 FLN에 정전 교섭 개최를 호소했다. 이에 반발하여 식민지의 프랑스인들과 군부 내 강경파는 1961년 4월 21일에 드골에게 반기를 들고 알제리에서 쿠데타를 일으켰으나 진압되었다. 이들은 1961년 8월 22일에는 드골 암살을 시도하기까지 했다.

한편 프랑스 정부는 알제리 독립운동 세력과 협상에 착수했다. 1962년 3월 18일에 프랑스 에비앙에서 프랑스 정부 대표와 알제리 임시 정부 대표가 참석하여 정전 협정을 체결했다. 이 협정은 프랑스와 알제리에서 각각 개최된 국민투표에서 압도적 지지를 받아 통과되었다. 이로써 1954년부터 8년 동안 지속되어온 알제리 독립전쟁이 막을 내리고 프랑스의 식민지 지배는 종식되었다.

드골 대통령 시절에 각료를 역임한 알렝 페이레피트(Alain Peyre-fitte)는 다음과 같이 드골을 평가했다. "드골은 정치적 책략이 없이는 국가원수로서의 목표 달성이 불가능하다는 것을 이해하고 있었다." 따라서 그는 정치적 책략을 활용했다. 예를 들어, 1958년 5월에 권좌로 복귀하기 위해 드골은 알제리의 불안, 파리의 공황상태, 비효율적인 제4공화국을 끝내고자 하는 프랑스인들의 열망, 이 세 가지를 동시에 자기에게 유리하게 만들었다.

미-소 초강대국의 헤게모니를 뛰어넘어 중국과 수교한 선견지명의 리더십

중국과 서방국가 간의 국교정상화에는 미국 닉슨 대통령 집무 시절 키신저 국무장관의 중국과의 핑퐁외교가 가장 유명하다. 실제로 미국과 일본의 중국과의 국교정상화는 1971년 10월 UN의 창설 멤버이자 미국, 영국, 프랑스, 소련과 함께 UN 안전보장이사회 상임 이사국 지위를 유지하던 대만의 중화민국 정부가 UN에서 퇴출된 이후에 시작되었다. 일본과 중국 간의 국교정상화는 1972년에 이루어졌고, 미국과 중국 간의 국교정상화는 1979년에야 가능했다. 실제로 1949년 대륙에서 대만으로 축출된 대만의 중화민국 정부는 UN 퇴출 전까지 '전 중국을 대표하는 유일한 합법정부'의 지위를 누려왔다. 그러나 당시 공산국가였던 알바니아가 제출한 'UN에서 중화인민공화국이 갖는 합법적인 권리 회복'이라는 안건이 1971년 10월 25일 UN 총회를 통과하면서 'UN 총회 2758호 결의안(UN에서 중화인민공화국이 갖는 합법적인 권리 회복)'이 채택되자, UN에서 1945년 이후 중화 인민의 UN 대표권을 유지하던 대만의 중화민국 정부는 대표권을 상실하고 UN과 산하기구에서 퇴출되었다. 그리고 그 자리를 대륙의 중화인민공화국 정부가 대신하게 되었다. 중국의 UN 복귀와 대만의 UN 축출은 1960년 이후 확대된 식민지 해방의 움직임 속에서 UN에 가입한 신생독립국들이 중국을 지지하면서 가능했다.

그러나 대만의 중화민국이 UN에서 축출되기 훨씬 이전인 1964년 1월 27일 프랑스는 중국과 국교정상화를 했다. 드골 정부의 프랑스가 중국과 국교정상화를 한 이유는 공산권이 소련의 지도하에 단결되어 있으면 소련과 교섭하는 것으로 충분했지만, 중소 불화가 진행되고 있는 상황에서 중국과의 문제는 중국과 직접 교섭하지 않을 수 없으며, 전쟁이 지속되고 있는 동남아시아에서 평화를 정착하기 위해서는 중국의 역할이 중요하다고 판단했기 때문이다.

이미 냉전 초기인 1950년대부터 중국과 소련 사이에 노선의 균열이 발생했다. 중국과 소련 간의 논쟁의 발단은 중화인민공화국이 대만해협에서 위기 상황을 조성했을 때 소련이 실질적으로 전혀 관여하지 않았다는 점, 1958년부터 시작된 중국의 제2차 5개년 계획에 대한 후원을 약속했던 소련이 약속을 지키지 않은 점, 중국과 인도 사이에 국경분쟁이 일어났을 때 소련이 중립적 입장을 취한 점 등에 대해 중국이 불만을 표출하면서 중소분쟁이 발생하게 되었다. 당시 소련은 흐루시초프 집권 기간(1953년 3월1964년 10월)이었고, 흐루시초프는 서방세계와 관계 개선을 추진한 "평화공존론"을 외교정책으로 추진하고 있었다.

1960년 2월 모스크바에서 열린 바르샤바 조약기구 회의에서 1956년에 채택된 흐루시초프의 평화공존론을 재확인하는 공동선언서를 채택했다. 당시 바르샤바 조약기구 회의에는 중국군 장성이 옵서버 자격으로 참석하고 있었는데, 당시 참석자였던 중국 대표 캉성(康生)은 소련의 평화공존론을 공격함으로써, 중국의 쌓였던 불만을 표출했다. "미국은 제국주의적 침략성을 포기하지 않았고, 대만 해방은 미국의 방해 공작으로 완수되지 않았다. 그럼에도 불구하고 흐루시초프의 낙관적인 평화공존론으로 대미 유화 정책이 대두되고 있다"고 캉성은 비판했다. 또한 그는 흐루시초프의 수정주의 노선에 대해 비난을 가했다.

이에 대하여 소련의 쿠시넨(Kwusinen)은 캉성의 교조주의적인 자세를 비판하면서, 마르크스-레닌주의 이론이 변화하는 새로운 상황에 보조를 맞추어 끊임없이 창조적으로 발전해 나가야 한다고 주장하면서, 흐루시초프야말로 현재 상황에 가장 알맞게 마르크스 레닌주의 이론을 창조적으로 발전시킨 위대한 공로자이며 그의 평화공존론은 레닌주의 외교정책을 창조적으로 발전시켰으며, 현 국제정세에 가장 합당한 신노선이라고 중국에 대해 반박했다. 이후 중국과 소련의 관계는 악화일로를 걸었는데, 그 정점은 1969년 중소국경분쟁이었다.

흐루시초프의 집권 시기에 미국은 중소대립에서 소련을 지지했었다. 1963년 말 러스크 미 국무장관은 1963년 말 나토 이사회에서 중소대립에서 소련의 입장을 지지해야 하며 중국에 대해서는 봉쇄정책을 강화해야 한다고 주장했었다. 따라서 드골 정부의 중국수교는 미국의 입장에 반대하는 것이었다. 드골의 입장에서 당시 미국이 소련과 손잡고 중국 봉쇄정책을 강화하는 것은 유럽에 대한 소련의 압력이 커지는 결과를 낳게 되어 독일과 베를린 문제 등의 해결이 더욱 어려워질 것이라 판단했다. 또한 미국의 소련과의 데탕트가 영구적인 미소 지배를 가져올 것이라 판단한 드골은, 미국과 반대 정책을 취해서 서방측의 중국봉쇄 정책을 해제하여 중국을 국제사회에 앞세우면 아시아 지역에서 불안을 느끼게 될 소련이 유럽 문제에 대해 강경하게 나오기 힘들 것이라고 판단했다. 드골은 중소 양국은 세계에서 가장 긴 국경선을 접하고 있으며, 소련의 이해는 이를 유지하는데 있고 중국의 이해는 이를 밀고 나가 영토를 확장하는데 있다고 보았다. 실제로 중소국경분쟁이 1969년에 발발한 것을 보면 드골은 선견지명이 있었다.

물론 중국을 외교적으로 최초로 승인한 국가가 프랑스는 아니었다. 1949년 중국의 공산화 직후 사회주의 국가 혹은 인도와 같은 아시아 국가뿐만 아니라 일부 서방국가들도 중국을 외교적으로 승인하려 했다. 그것은 1949년에 아직 냉전이 본격적으로 시작되지 않았기에 가능한 일이었다. 실제로 1949년에 영국이 중국을 외교적으로 승인하려 했으나, 중국이 거부한 일이 있었다. 이후 한국전쟁이 발발하여 서방국가의 중국에 대한 외교적 승인을 어렵게 했을 뿐만 아니라 중국의 국제사회 참여에도 제약을 가져왔다. 비록 1949년에 중화민국 정부가 대만으로 쫓겨 왔어도 중화민국 정부가 중국을 대표하는 정부로 간주되었고, 중화민국 정부가 UN 안전보장이사회 상임이사국 지위까지 맡고 있었기 때문이다. 그리고 프랑스와 중국의 수교전에 중국과의 관계는 그렇게 단순하지 않았다. 중국은 베트남 독립전쟁 당시에 〈월맹(베트민: Viet Minh: Viet Nam Doc Lap Dong Minh Hoi)〉을 지원했고, 알제리 독립전쟁 당시 〈알제리 민족해방전선(FLN: Front de Libération Nationale)〉을 지원했다.

1963년부터 1964년까지 프랑스와 중국 간의 수교협상은 프랑스가 세계무대에서, 특히 아시아에서 강국으로 복귀했음을 상징하는 사건이었다. 또한 드골이 말했듯이, 이는 프랑스가 인도차이나에서처럼 중국에서도 '식민지 시대'라는 역사의 한 페이지를 넘긴 것을 의미하기도 했다. "이제 프랑스가 이들 지역에서 식민지배자가 아닌 '친구'로 돌아왔음을 의미하는 것이다. 그리고 프랑스는 자국의 재원을 통해서 중국을 도울 수 있을 것이다"라고 드골은 입장을 피력했다. 이와 같은 입장은 국가 및 인종 간 평등, 국가 주권 존중이라는 프랑스의 전통사상에 부합하는 것이다. 또한 드골은 이와 같은 원칙으로부터 국제적인 세력균형과 세계 평화가 도출될 수 있다는 신념을 갖고 있었다. 게다가 1962년 알제리 독립전쟁이 종결되기 전까지는, 중화인민공화국이 알제리 FLN을 지지했기 때문에, 중화인민공화국과의 외교협상에 제약이 많았다. 그러나 전쟁 종결 이후에 프랑스는 식민주의의 굴레를 떨쳐버리고 국제사회에서 목소리를 내는 것이 훨씬 수월해졌다. 또한 드골의 입장에서 동남아시아 지역에서 안정을 이루기 위해서는 지역 열강의 참여가 중요한 데, 특히 중국의 역할이 중요하다고 판단했다. 또한 중국과 프랑스 간에는 공통점이 있었는데, 이들 국가들이 당시 미국과 소련의 압력으로 다른 국가들이 조인한 핵확산금지조약 가입을 거부했다.

드골은 중화인민공화국에 대한 자신의 생각을 알렝 페레피트 장관과 사석에서 나눈 대화에서 다음과 같이 피력했다. "세계에서 가장 인구가 많은 국가와 국교를 맺지 않은 것은 매우 이상한 일이다. 단지 이 국가가 미국의 마음에 들지 않는다고 해서."

1962년부터 프랑스 사절단이 정치적인 이유와 주로 경제적인 이유로 중국을 방문했다. 그리고 이 과정에서 프랑스 정부 대표단은 중국정부의 고위층과 비공식 접촉을 할 수 있었다. 당시 중국정부는 프랑스와 국교정상화를 희망하고 있었다.

1963년 10월에는 전(前) 총리였던 에드가 포르(Edgar Faure)가 중화인민공화국에 특사로 파견되었다. 당시 프랑스 외교부 국장이었던 자크 드 보마르셰(Jacques de Beaumarchais)가 스위스 베른에서 비밀 협상을 이어갔다. 자크 드 보마르셰가 드골로부터 받은 지침은 어떤 전제조건 없이 양국 간에 협상을 타결하라는 것이었다. 프랑스가 중화인민공화국의 UN 가입과 대만 문제에 대해서 입장을 표명해서는 안 된다는 것이었다.

실제로 프랑스 정부는 대만과의 관계 단절을 대만보다 먼저 제안하지 않았다. 그리고 베이징에서 외교부 대변인이 2개 중국의 공존에 대해 언급했다. 드골 정부는 대만 문제에 대해서 입장 표현을 하지 않았고, 대만이 이에 따른 조치를 취하도록 유도했다. 실제로 1964년 2월 1일, 대만정부는 1964년 2월 10일부터 프랑스와 관계를 단절한다고 먼저 선언했다. 프랑스 정부가 중국정부와 수교 협상을 할 때, 프랑스 정부는 대만에 대한 중국의 주권을 인정한다는 것을 먼저 묵시적으로만 피력했다. 이후 1964년 프랑스와 중국의 공동선언문이 발표되면서 공식적으로 프랑스의 입장을 표명했다.

중국과의 수교를 위한 최종 실무협상은 주 스위스 중화인민공화국 대사와 자크 드 보마르셰 프랑스 외교부 유럽국장 사이에 진행되었다. 미국 외교관은 관련 사실에 대해서 통보받지 못했지만 아마 인지하고 있었을 것으로 짐작된다.

1964년 초, 여론을 움직이기 위한 작업이 파리에서 시작되었다. 1월 9일자《르 카날 뒤 피가로(le canal du Figaro)》2면에 에드가 포르 전(前) 총리 인터뷰가 있었다. 프랑수아 베르나르(François Bénard)가

이끄는 프랑스 의회 대표단이 베이징에서 마오쩌둥 주석을 접견했다. 중국과 수교와 관련된 일련의 조치들은 드골 대통령이 결정한 것이었다. 중국 지도자들도 드골 대통령의 빠른 결단에 놀라움을 표시했다.

1964년 1월 27일, 파리와 베이징에서 공동성명서가 동시에 공표되었다. "프랑스 정부와 중화인민공화국 정부는 외교관계를 수립하는데 합의했다. 3개월 이내에 대사를 지명하는데 양국 정부는 합의했다." 드골 대통령은 대중에게 중화인민공화국과의 외교관계 수립에 대해 알리기 위해서 1964년 1월 31일 기자회견을 활용했다. 기자회견에서 드골은 다음과 같은 견해를 피력했다. 그에 따르면, "거의 대부분의 중국 지역은 법치를 하고 있는 하나의 정부 지도 아래 결집되어 있으며, 중국은 주권국이자 독립국으로 역할을 다하고 있다. 프랑스는 중국과 정상적인 관계를 체결할 의향이 있다. 시간이 지날수록 프랑스가 중국과 정상적인 관계, 다시 말해 외교관계를 형성할 필요성이 증대하고 있다." 또한 그는 "명백함(l'évidence)과 이성(la raison)의 힘이 매일 매일 커져가고 있다"라면서 실리적인 차원에서 중국과 프랑스의 수교 필요성을 강조했다.

중화인민공화국과 외교관계를 수립하기로 한 결정은 드골 외교정책의 주요 원칙에서 나온 것이다. 드골은 "언제나 그렇듯이 존재하는 중국(Chine de toujours)"과 정상적인 관계(relations régulières)를 수립하려 했던 것이다.

드골의 관점에서 중국은 공산국가이기 이전에 중국일 따름이었다. 다시 말해서 수십억의 인구를 가진 인구대국이며, 수천 년의 문명국이며, 광대한 영토와 엄청난 성장 잠재력을 지닌 국가였다. 드골은 역사, 문화, 지리적 관점에서 중국이라는 존재의 현실을 직시했던 것이다. 따라서 드골이 중국의 정치체제와 이데올로기를 인정했다기보다는, 드골 정부가 대부분의 중국 인구가 인정하고 있는 국가와 관계를 맺은 형태를 취한 실용주의적 외교 접근이라고 이해하는 것이 타당하다고 볼 수 있다.

드골 대통령은 인구 대국인 중국과의 수교를 통해서 중국이 프랑스 기업을 위해 시장이 확장되는 터전이 될 것이라고 생각했다. 물론 1964년만 해도 중국 시장은 아직 활성화되지 않았고, 더군다나 중국은 매우 가난한 국가였다. 물론 미래가치를 보면 그렇지 않을 수 있었지만.

드골 대통령으로부터 향후 주중 프랑스 대사의 부임을 준비하라는 지시는 받은 클로드 샤예(Claude Chayet)가 1964년 3월 베이징에 도착했다. 프랑스 주중 외교대표기관의 초창기 모습은 초라했다. 5명의 외교관이 호텔에 거처를 잡고, 금고가 없었기에 들고 다니는 가방이 문서고 역할을 대신할 정도였다. 중화인민공화국에 최초의 프랑스 대사가 될 인물은 이미 결정된 상태였다. 뤼시앙 파예(Lucien Paye) 주 세네갈 프랑스 대사가 마오쩌둥 주석에게 1964년 5월 31일에 신임장을 제출했다. 뤼시앙 파예는 프랑스 명문 파리고등사범학교 출신으로 문학박사였고, 1961년부터 1962년에는 교육부 장관을 역임한 거물이었다. 드골 대통령이 이와 같은 거물을 최초의 주중 프랑스 대사로 지명한 이유는 중국과의 관계를 최고 수준의 단계에서 새로이 시작하려는 의도였다. 특히 중국과의 문화교류에 드골 대통령은 관심이 많았다. 1965년 여름 앙드레 말로(André Malraux) 문화부 장관이 중국을 방문하면서 드골 대통령의 의도가 확연하게 부각되었다.

반면에 서방의 지원 덕분에 장제스가 정권을 유지하고 있던 대만과의 관계에 해결할 수 없는 문제가 발생했다. 중화인민공화국과 중화민국(대만)은 자신들의 국가가 중국 대륙을 대표하는 유일한 국가로 인정받아야 외교관계 유지가 가능했다. 두 개의 중국은 받아들여질 수 없었다. 마오쩌둥 주석은 프랑스 정부가 중화인민공화국 베이징에만 대사를 파견할 수 있고 대만에는 파견해서는 안 된다는 원칙을 프랑스-중국 수교 준비를 위해 방문했던 에드가 포르 전 프랑스 총리와 1964년 1월에 방문한 프랑스 의회 대표단에 설명했다. 그러나 프랑스는 대만과의 국교단절을 위한 조치를 먼저 취하지 않았다. 오히려 이를 먼저 취한 것은 대만 정부였다. 1964년 2월 10일 대만 정부는 프랑스와의 국교단절을 선언했다.

미국에서 드골 대통령의 프랑스-중국 수교 결정은 큰 파장을 일으켰다. 미국의 입장에서 프랑스-중국 수교는 서방세계의 이해를 침해하는 것이었다. 그리고 프랑스-중국 수교는 제2차 세계대전에서 항일전쟁을 함께 했고 냉전 시기에 충직한 파트너인 장제스 정부를 배반하는 일로 간주되었다. 더구나 미국의 존슨 정권은 드골 대통령의 프랑스-중국 수교를 통한 미국에 대한 일종의 경고를 인지하지 못했다. 1966년 드골 대통령은 프랑스가 나토(NATO)를 탈퇴하기로 결정했다.

이와 같은 조치는 소련과의 데탕트를 시도한 조치였으며, 이를 통해 소련과의 협력을 시도한 것이었다. 특히 드골 대통령은 1966년 캄보디아 프놈펜 방문에서 베트남 전쟁의 미국 개입은 실수라고 표명했다. 그러나 1968년 드골 대통령의 사상을 지지했던 미국의 리처드 닉슨 대통령이 집권하자, 미국 역시 베트남 전쟁에서 탈출구를 찾기 시작했고, 중국의 외교 승인을 준비하는 작업에 착수했다. 1972년에는 미국의 리처드 닉슨 대통령이 중국을 방문했다. 그리고 미국의 입장 변화와 1971년 중화인민공화국의 UN 가입에 발맞추어, 다른 서방국가들도 중국과 본격적으로 수교하기 시작했다.

주요 서방국가의 중국 수교일

국 가	수교일
프랑스	1964년 1월 27일
캐나다	1970년 10월 13일
이탈리아	1970년 11월 6일
오스트리아	1971년 5월 28일
벨기에	1971년 10월 25일
멕시코	1972년 2월 14일
영국	1972년 3월 13일
네덜란드	1972년 5월 18일
그리스	1972년 6월 5일
일본	1972년 9월 29일
서독	1972년 10월 11일
룩셈부르크	1972년 11월 16일
호주	1972년 12월 21일
뉴질랜드	1972년 12월 22일
스페인	1973년 3월 9일
미국	1979년 1월 1일
포르투갈	1979년 2월 8일
아일랜드	1979년 6월 22일

드골의 선견지명 있는 결정으로 프랑스는 중화인민공화국을 공식적으로 인정한 최초의 서방 강국이 되었다. 프랑스-중국의 관계 개선은 중화인민공화국이 국제사회의 고립에서 탈피하는데 결정적인 기여를 했다. 그리고 중화인민공화국에 대한 외교적 승인은 다른 국가로 확산되었다. 1970년대 초부터 미중관계 정상화에 관련된 조짐이 보이기 시작했고, 1971년 10월 25일에는 UN 총회에서 중화인민공화국이 중화민국을 대체한다는 승인이 이루어졌다.

프랑스 정부의 중화인민공화국 승인에 대해서, 프랑스 주간지 《렉스프레스(L'Express)》는 1964년 1월 23일 판에서 "Du côté de chez Mao(마오쩌둥의 나라 쪽으로)"라는 기사로 의견을 표명했다. 이 기사는 "프랑스는 진정으로 드골주의 외교정책을 추구하고 있다. 프랑스는 중국과 함께 이들 지배체제에서 떨어져 나간 세계 지역과 연대하면서, 세계에서 미국-소련의 공동 지배체제를 깨뜨리려고 시도하고 있다. 프랑스는 프랑스와 중국이 미국과 소련의 단단한 지배체제를 완화시킬 충분할 힘을 가질 것으로 판단하고 있다"고 언급했다. 당시 "프랑스의 위대함"을 회복하려는 드골주의에 대해 프랑스의 언론 및 일반 시민들은 지지를 보냈다.

프랑스-중국 국교정상화라는 드골의 역사적인 제스처를 통해서 프랑스-중국 관계가 발전될 수 있었지만, 프랑스-중국의 실질적인 관계 발전은 1970년대 말 중국의 개혁개방부터 시작되었다. 그러나 이 시기는 프랑스가 예전에 비해서 중국과 서방국가의 관계를 주도한다는 이점을 잃어버린 시기였다. 그리고 1964년 중국-프랑스 국교정상화는 경제적인 이득이 크지 않았기에 드골도 다음과 같이

○ 초대 중국대사를 접견하는 드골 대통령

표현했다. "우리는 이득(경제적 이익에 관련된 사항)에 대해서 지나치게 환상을 가졌다. 실제로 무역 관계는 오랜 시간이 지난 후에야 개선될 것이다." 그러나 현재도 중국과의 무역적자는 프랑스의 세계무역 적자에서 가장 큰 부분을 차지하고 있다. 게다가 프랑스 상품의 중국 시장점유율은 독일 상품의 중국 시장점유율의 1/4 수준 밖에 되지 않는다.

물론 경제적 실익이 크게 없었어도 드골의 프랑스-중국 수교 결정은 냉전 시기에 프랑스의 외교역량을 극대화하려는 드골 대통령의 리더십을 잘 보여주는 역사적 사건이었다. 그리고 드골의 결정이 단기적으로는 미국과 같은 동맹국의 반발을 유발했지만, 결국 이들 동맹국들도 역사적 흐름에 동참하지 않을 수 없었다. 이와 같은 유연하고 선견지명이 있는 드골의 리더십은 중국, 러시아, 일본, 미국의 영향을 받지 않을 수 없는 한반도에서 귀감이 되는 사례라고 할 수 있다.

드골의 선견지명은 다음과 같은 드골의 말로 요약될 수 있다.

"다음 세기가 되면, 과거 수 세기에 걸쳐서 그러했듯이, 중
국이 세계 최대 강국으로 복귀할 수 있다는 점을 배제할 수 없
다(Il n'est pas exclu que la Chine redevienne au siècle prochain ce
qu'elle fut pendant des siècles, la plus grande puissance de l'univ-
ers!)."

스스로 물러날 때를 아는 후퇴의 리더십

"나 드골은 공화국 대통령의 직무 집행을 정지한다. 이 결정은
오늘 정오부터 발효한다." 1969년 4월 28일 자정을 조금 넘긴 시각
에 프랑스 대통령궁인 엘리제궁의 대변인실에서 드골 대통령의 성명
서가 발표되었다.

이 간단한 성명서를 통해서, 1959년 1월 8일부터 시작한 대통령
의 직무를 내려놓고 드골은 고향인 콜롱베-레-두-제글리즈(Co-
lombey-les-Deux-Églises)에 칩거했다. 그리고 1969년 4월 28일 대통
령직에서 물러난 이후에는 일절 정치에 관여하지 않고, 자서전을 집
필하면서 여생을 보내다가 1970년 11월 9일 복부 대동맥 파열로 사
망했다.

한 시대를 풍미한 세계적인 정치인이었던 드골 대통령의 사임을

불러온 것은 1968년 5월 학생혁명이었다. 1968년에는 프랑스뿐만 아니라 서독, 영국, 이탈리아, 스페인 등의 국가에서도 사회체제 변혁을 요구하는 학생운동의 물결이 거세게 불었다. 프랑스에서 1968년 5월 학생혁명이 있기 전까지 프랑스 학생들은 정치에는 전혀 관심이 없고 개인적인 문제에만 몰두한다고 정치권은 판단했었다.

물론 프랑스 학생들 내부에서 베트남전 반전운동 등이 지속되기는 했지만, 이러한 운동에는 한정된 일부 학생들만이 참가했고, 대다수 학생들은 무관심했다. 그런데 1967년 11월 파리대학 낭테르 캠퍼스 학생들이 교육제도 개혁, 대학 운영 참여 등의 요구를 내걸고 동맹휴학에 돌입했다. 제2차 세계대전 이후 '영광의 30년(Les Trente Glorieuses)'을 보내면서 물질적인 풍요를 누렸던 프랑스 사회는 대학교육의 대중화를 맞이했고, 이에 따라 빈약한 대학시설이 큰 문제로 부각되고 있었다. 이러한 상황에서 대학개혁을 위한 프랑스 대학생들의 투쟁이 베트남전 반전운동과 결부되어 상황이 격화되기 시작했다.

잇따른 시위 중에 1968년 3월 22일 베트남 전쟁 반대 데모에서 미국계 회사를 파괴했다는 혐의로 낭테르대학 학생이 구속된 것이 사건의 발단이 되었다. 이에 항의하기 위해서 500여 명의 학생이 3월 22일 밤 대학 당국의 저지를 뚫고 대학 사무실과 강당을 점거했다. 이 투쟁에서 〈3월 22일 운동〉이라는 급진적인 학생단체가 결성되어 마오쩌둥주의자-트로츠키주의자-무정부주의자 등의 학생들이 결집했다. '3월 22일 운동' 단체는 우익 학생과 대립하고 프랑스 공산당으로부터도 '도발자'라는 비난 성명을 받으면서도 영향력을 강화시켜나갔고 대학개혁과 체제 변혁 투쟁을 대학 내외에서 추진했다. 4월 19일 좌우 학생들이 충돌하고, 4월 28일에는 좌익 학생들이 '남(南)베트남 전람회'에 난입했고, 5월 2일에는 우익 학생들이 소르본의 좌익 학생 사무실을 파괴했다. 이와 같은 좌우 대립 속에서 학생들의 급진화를 우려한 낭테르 캠퍼스 학장인 그라팽(Grappin) 교수는 5월 2일 대학 폐쇄를 결정했다. 또한 '3월 22일 운동'의 지도자인 다니엘 콘-벤티트(Daniel Cohn-Bendit)가 소르본대학 징계위원회에 소환되었다. 이에 항의하는 학생 집회가 소르본대학 교정에서 개최되었다. 곧 학년말 시험이 있어 시위가 잠잠해질 것으로 예상한 소르본대학 총장은 강의를 중단시키는 한편 경찰의 학내 진입을 요청했다. 그러나 경찰의 학내 진입이 학생들을 격분시켰고, 그 결과 5월 6일 밤부터 7일 새벽까지 "진압경찰(CRS)은 SS(나치 친위대)"라는 구호를 외치며, 학생운동이 격화되어 '5월 학생혁명'이 시작되었다.

학생들의 투쟁은 급속도로 번져갔고 5월 6일 이후 수천에서 수만 명이 운집한 학생 데모가 연일 계속되었다. 5월 9일 마침내 소르본대학 총장이 학생대표들과 대화를 나눌 의사를 표명했으나 프랑스 교육부가 이에 반대했다.

처음에는 극좌모험주의라고 프랑스 학생운동을 비난하던 프랑스 공산당은 경찰대 철수, 대학 재개, 체포자 석방 등을 위해 학생들과의 연대를 강조하기 시작했다. 경찰이 시위하는 학생들을 꾸준히 진압하면서 매일 엄청난 부상자, 검거자가 양산되었지만 학생운동은 정부의 기대처럼 고립되지 않고 여론의 지지를 받으면서 확산되어 갔다. 이와 같은 사태 전개에 놀란 퐁피두 수상은 파키스탄 순방 길에서 급히 귀국했고, 5월 18일에 루마니아를 방문 중이던 드골 대통령도 귀국했다.

드골 정부는 소르본대학 폐쇄 해제, 체포 학생의 석방, 학제 개혁에 대한 학생 의견 존중 등 대폭적인 양보를 발표하여 학생들의 요구를 대부분 수용했다. 그러나 학생운동은 이미 대학개혁뿐만 아니라 체제 변혁을 요구하는 수준으로 발전했다.

프랑스의 각 노조단체는 5월 13일 24시간의 총파업을 지시했다. 이는 경찰의 강압적인 개입에 대한 반발과 드골 체제를 반대하는 단계로 시위가 발전하고 있음을 의미하는 것이었다.

5월 18일 루마니아에서 귀국한 드골 대통령은 5월 23일 각의를 열고 24일 TV 및 라디오 연설에서 교육제도, 국민경제 개혁에 관한 국민투표를 하겠다고 선언하고, 만약 국민들이 반대하면 자신은 대통령직에서 물러나겠다는 뜻을 밝혔다. 그리고 5월 30일의 TV 연설에서는 의회 해산을 선언했다. 새로 치러진 1968년 6월 선거 결과 드골파는 전체 의석수의 2/3에 해당하는 358석을 얻었다. 그리고 1969년 4월에 실시된 지방제도 개혁에 관한 국민투표에서 1968년에 사용한 전술을 다시 사용해 투표결과와 그의 재신임을 결부시켰다. 그러나 국민투표 결과, 정부안에 찬성하는 득표수가 전체 투표의 47%였던 반면에, 반대하는 투표수는 53%에 달했다. 결국 드골은 4월 28일 밤 12시 10분에 하야 성명을 발표했다.

드골은 권좌에서 물러나면서 이렇게 말했다. "나는 권좌에서 떨어진 것이 아니다. 나 자신이 스스로 그 지위에서 내려왔다. 나는 나의 행동을 통해 내가 간직한 공화주의 신념에 대해서 경의를 표시한 것이다."

　많은 국가에서 국민들이 반대함에도 불구하고 정치 지도자들은 노욕을 부릴 때가 많다. 그러나 드골은 국민들의 반대에 부딪혔을 때 과감하게 자리를 내려놓는 리더십을 발휘했다.

1890년 11월 22일 프랑스 북부 릴(Lille) 출생.

1909년 9월 30일 생 시르 사관학교(Ecole militaire de Saint-Cyr) 입학시
험 합격. 221명 중 119등.

1914년 8월 3일 독일이 프랑스에 제1차 세계대전 선전포고.

1916년 3월 2일 두오몽(Douaumont) 전투에서 부상. 전쟁 포로.

1916년-1918년 독일에서 전쟁 포로 생활. 5번의 탈출 시도.

1918년 11월 11일 제1차 세계대전 종전.

1918년 12월 3일 프랑스 귀환.

1939년 9월 3일 프랑스와 영국이 나치 독일에 선전포고.

1940년 6월 17일 런던 망명.

1940년 6월 18일 국내 레지스탕스(Résistance)에게 나치 독일 항전 동참
호소

1942년 1월 1일 장 물렝(Jean Moulin)이 레지스탕스 운동 통합.

1942년 11월 8일 연합군의 북아프리카 상륙.

1943년 6월 3일 알제리 알제(Alger)에서 〈프랑스 국민 해방위원회(CFLN:
Comité franÇais de Libération nationale)〉 창립. 드골 장군과 지로
장군이 공동의장(Co-Présidents).

1943년 11월 9일 드골 장군이 단독 의장이 됨(드골파가 지로파 제거).

1944년 6월 3일 CFLN이 〈프랑스 공화국 임시정부(GPRF: Gouverne-
ment Provisoire de la République franÇaise)〉로 됨. GPRF는 1946
년 10월 27일까지 존속. 프랑스 공화국 임시정부 대통령으로 선출.

1944년 6월 6일 연합군의 노르망디 상륙작전.

1944년 8월 25일 파리 해방.

1945년 2월 4일 얄타회담 개최.

1946년 1월 20일 프랑스 공화국 임시정부 대통령직 사임.

1947년 4월 7일 〈프랑스 국민연합(Rassemblement du Peuple franÇais)〉
　　　　　　　　　창당.

1954년 11월 1일 〈알제리 민족해방전선(FLN: Front de Liberation)〉이 11
　　　　　　　　　월 1일 만성절을 맞이해 대대적인 봉기.

1958년 5월 13일 알제리 주둔 프랑스군의 반란. 반란군이 〈공안위원회
　　　　　　　　　(Comité de salut public)〉를 구성하며 알제리에서 권력 장악.

1958년 6월 1일 총리 취임.

1958년 9월 26일-28일 국민투표에서 프랑스 제5공화국 헌법 80% 찬성
　　　　　　　　　으로 통과.

1959년 1월 8일 프랑스 제5공화국 대통령으로 취임.

1962년 3월 7일-18일 에비앙(Evian) 협약.

1965년 12월 19일 대통령 재선.

1966년 3월 7일 NATO 탈퇴.

1968년 4월-5월 프랑스 학생 봉기.

1969년 4월 28일 대통령 사임.

1970년 11월 9일 사망.

✿ 참고문헌

송건호. 『드골 프랑스의 영광』(서울: 한길사, 2002).

주섭일. 『프랑스의 대숙청: 드골의 나치협력 반역자 처단 진상』(서울: 도서
　　　출판 중심, 1999).

한국유럽학회 편. 『유럽 각국의 정치』(파주: 한국학술정보, 2011).

허만. 『드골의 외교정책론: 골리즘을 중심으로』(서울: 집문당, 1997).

De Gaulle, Charles. *Mémoires d'espoir*. Paris: Plon, 2014.

Haskew, Michael E. 박희성 옮김. 『프랑스의 자존심과 자유를 지킨 위대한
　　　거인』. (서울: 플래닛 미디어, 2012).

Peyreffitte, Alain. *Les Géants du XXe Siècle: De Galle Tome 1*. Paris: Le
　　　Nouvel Observateur, 2012.

Peyreffitte, Alain. *Les Géants du XXe Siècle: De Galle Tome 2*. Paris: Le
　　　Nouvel Observateur, 2012.

Ratte, Philippe. 윤미역 옮김. 『드골평전: 그의 삶과 신화』(서울: 바움,
　　　2002).

샤를르 드골 재단(Fondation Charles de Gaulle) http://www.charles−de−
　　　gaulle.org/

Alcide De Gasperi

알치데 데 가스페리, 장문석(영남대학교)

5장
극단의 시대, 중도의 정치

들어가며: "정치는 나의 사명이다."

독일 철학자 헤겔에 대한 유명한 평전에는 한때 이 위대한 지성
이 흠모했던 나폴레옹에 대한 일화가 나온다. 나폴레옹은 1806년의
저 유명한 예나 전투에서 프로이센군을 격파한 것을 기점으로 독일

전역을 사실상 정복해나갔다. 그런데 이 정복자는 독일의 대문호 괴테의 『젊은 베르테르의 슬픔』의 애독자로서 늘 이 위대한 작가를 만나고 싶어 했다. 마침내 1808년에 만남이 성사되었다. 이 만남에서 괴테가 나폴레옹에게 운명에 대한 생각을 중심으로 비극을 쓸 수 있겠냐고 묻자, 나폴레옹은 다음과 같은 유명한 답을 내놓았다. "오늘날 우리가 운명을 가지고 무얼 하겠는가? 정치가 우리의 운명이다." 헤겔은 이 말을 너무도 좋아하여 자신의 강연에서 자주 인용했다고 한다.[3]

그런데 나폴레옹의 시대가 한참 지난 후 나폴레옹과는 전혀 다른 개성을 지닌 인물의 입에서 나폴레옹이 한 말과 비슷한 말을 듣는 건 신기한 경험이다. 제2차 세계대전 이후에 이탈리아 공화국을 이끈 알치데 데 가스페리(Alcide De Gasperi, 1881-1954)가 바로 그 장본인이다. 과연 나폴레옹과 데 가스페리는 단순한 차이를 넘어 대극을 이루는 인물들처럼 보인다. 나폴레옹이 군사적 정복자라면 데 가스페리는 정치적 협상가였고, 나폴레옹이 웅변가라면 데 가스페리는 사색가에 가까웠다. 특히 데 가스페리의 연설이나 대화에서는 일체의 호언장담이나 선동적 요소가 없어서 동시대인들은 그와 전혀 다른 스타일의 무솔리니(Benito Mussolini)와 비교하여 데 가스페리를 "반(反)무솔리니(anti-Mussolini)"라고 부를 정도였다. 그런 데 가스페리였던 만큼 그의 무미건조한 입에서 나폴레옹을 연상시키는 육성

3   테리 핀카드, 전대호·태경섭 옮김, 『헤겔』(서울: 길, 2015), p. 305.

◉ "이탈리아의 재건가"이자 "유럽의 아버지"
알치데 데 가스페리

을 듣는 건 정말이지 색다른 일인 것이다.

과연 데 가스페리는 파시스트 정권에 의해 투옥된 시절 아내에게 부친 서한에서 이렇게 쓰고 있다. "정치를 단지 소일거리쯤으로 만드는 사람들이 많아요. 또 정치를 그저 부차적인 중요성만을 갖는 액세서리쯤으로 생각하는 사람들도 있지요. 그러나 나에게 정치는 소년 시절부터 나의 경력이요 사명이었어요."[4] 그렇다, 여기서 데 가스페리는 "정치는 나의 사명"이라고 말하고 있다. 물론 "정치는 우리

4　Elisabeth Arnoulx De Pirey, *De Gasperi*, Cuneo: Famiglia Cristiana, 2002, p. 119.

의 운명"이라는 나폴레옹의 말과는 다소간 뉘앙스가 다르기는 하다. 나폴레옹의 정치가 가슴을 펄떡이게 하는 영웅시라면, 데 가스페리의 정치는 삶을 관조하는 에세이와 같다. 그러나 나폴레옹이든 데 가스페리든 주어진 운명을 바꾸어나가는 수단으로서 정치를 진지하게 사유하고 실천했다는 점에서 둘은 하나다. 다만, 나폴레옹의 영웅시가 결국에는 비극으로 끝났지만, 데 가스페리의 에세이는 놀라운 성공담을 우리에게 들려준다.

데 가스페리는 정치를 통해 이탈리아, 나아가 유럽의 운명을 바꾸었다. 그가 조타수를 맡았던 시대에 이탈리아는 극단적인 고통과 파괴의 바다 속에 익사하고 있었다. 제2차 세계대전 직후 굶주리는 5천만 명의 국민을 먹여 살려야 했고, 실업자들에게 일자리를 주어야 했으며, 전시에 파괴된 건물을 다시 지어야 했고, 연합군 포로가 된 2백만 명의 장병과 독일에 억류된 60만 명의 장병을 고국으로 데려와야 했다. 데 가스페리는 이 모든 일을 해냄으로써 이탈리아를 구명하고 "경제 기적"의 산파 역할을 했다. 그를 "조국의 재건가"로 칭하는 건 결코 과장이 아니다. 그뿐만이 아니라 데 가스페리는 유럽의 운명도 바꾸어놓았다. 그는 〈유럽석탄철강공동체(ECSC)〉의 창설을 주도함으로써 훗날 〈유럽연합(EU)〉으로 가는 길을 닦았다. 그는 흔히 통용되듯이 "유럽의 아버지"인 것이다. 대관절 그는 어떻게 그 모든 일을 해낼 수 있었을까? 비밀은 무엇보다 "정치를 나의 사명"으로 여긴 데 가스페리만의 독특한 정치적 리더십에 있었다. 그에게 정치란 무엇이었을까? 또 정치의 기술은 어떠했을까? 필경 우리는 그를 통해 운명을 바꾸는 정치의 힘을 조용하지만 강렬하게 느낄 수 있을 것이다.

데 가스페리, 이탈리아를 선택하다.

알치데 데 가스페리는 원래 이탈리아 사람이 아니었다. 이탈리아 건국의 아버지로까지 추앙받는 사람이 이탈리아인이 아니라니 이 무슨 해괴한 말인가? 좀 더 정확히 말하자면, 데 가스페리는 태어났을 때 국적이 이탈리아가 아니라 오스트리아-헝가리 제국이었다는 말이다. 물론 데 가스페리 집안은 국적이 오스트리아였지만 언제나 이탈리아인임을 뼛속 깊이 의식하고 있었다. 알치데는 1881년 4월 3일 이탈리아와 오스트리아의 접경지대인 트렌티노 지방의 피에베 테시노에서 4형제 중 장남으로 태어났다. 이 지역은 흔히 티롤이라고 불리는 지역으로서 독일계 주민들과 이탈리아계 주민들이 공존하던 '중간계'였다. 알치데의 어린 시절에 이곳은 공식적으로 오스트리아 땅이었다. 아이러니하게도 미래의 이탈리아를 구원할 리더가 오스트리아인으로 태어나 성장한 셈이다.

데 가스페리 집안은 그리 부유하지는 않았으나, 교육열이 높은 부모님 덕분에 전반적으로 종교적이고 학구적인 분위기가 강했다. 알치데 데 가스페리는 어린 시절부터 책벌레였고, 늘 진지하고 엄격했다. 무엇보다 그는 독실한 가톨릭 신자로 성경과 종교 서적들을 탐독했다. 특히 토마스 아 켐피스(Thomas à Kempis)의 『그리스도를 본받아(*De Imitatione Christi*)』를 좋아했다고 한다. 정치로 바쁜 시절에도

책은 항상 곁에 있었다. 의회에서 어려운 표결이 있기 전이나 국무회의에서 심각한 의제가 제기되어 격론이 예상된 상황에서라면 더욱더 마음의 평정을 찾고 영감을 얻기 위해 수녀가 된 사랑하는 딸 루치아가 성경이나 성인들의 텍스트에서 발췌해 메모해준 것들을 열심히 읽었다고 한다. 데 가스페리의 정치는 근원적으로는 종교적 신념에 바탕을 두고 있었던 것이다. 그의 또 다른 딸 마리아 로마나의 회고에 따르면, 아버지는 정치가를 먹잇감을 찾는 자, 권력을 추구하는 자, 신념에 따라 사는 자로 분류하면서 자신은 신념의 인간으로 기억되고 싶다는 희망을 피력했다고 한다.

신념의 인간은 곧 실천의 인간이기도 했다. 데 가스페리의 첫 번째 실천적 결단은 오스트리아 대신 이탈리아를 '조국'으로 선택한 것이었다. 데 가스페리는 오스트리아의 인스부르크와 빈의 대학에서 법학을 공부했는데, 대학 재학 시절에 이탈리아어로 교육을 받고 자격을 얻을 권리를 요구하는 이탈리아계 학생 운동에 가담했다. 그의 공식적인 최초 경력은 언론인으로 시작했다. 대학 졸업 후 그는 24세의 나이로 트렌티노의 가톨릭 계열 일간지 《가톨릭의 목소리(*La Voce Cattolica*)》의 편집장이 되었다. 데 가스페리가 주도한 이 신문은 나중에 《트렌티노(*Il Trentino*)》로 제목을 바꾸었다가 다시 《새로운 트렌티노(*Il Nuovo Trentino*)》가 되었는데, 시종일관 이탈리아 문화와 트렌티노의 경제적 이해관계를 옹호했다.

실천적 신념은 곧 정치로 승화되었다. 1911년에 데 가스페리는 오스트리아 제국의회 의원으로 피선되었다. 그는 트렌티노의 이탈리아 반환을 옹호한 이탈리아 계열 의원 그룹에 속해 활동했다. 마침

○ 데 가스페리와 가족들

내 제1차 세계대전이 끝난 1919년에 생-제르맹 조약으로 트렌티노의 이탈리아 반환이라는 오랜 숙원이 실현되었다. 그리고 이미 같은해 1월에는 가톨릭 단체들이 한데 모여 가톨릭 계열 최초의 대중 정당인 〈이탈리아 인민당(Partito Popolare Italiano)〉(이하 PPI)이 창당되었는데, 데 가스페리도 여기에 합류했다. PPI의 리더는 이탈리아 "기독교 민주주의의 아버지"로 간주되는 사제이자 정치가 스투르초(Don

Luigi Sturzo)로서, 종교의 자유와 가족의 가치를 위시해 (여성 참정권을 포함한) 보통 선거권과 행정적 탈집중화, 대토지 소유제에 대항하여 소농의 이해관계를 옹호하는 등 다양한 민주주의 개혁을 지향했다. 물론 교황청은 일절 이탈리아 정치에 관여하지 않았으므로 PPI는 공식적인 가톨릭 정당은 아니었다. 그럼에도 바티칸은 PPI가 이탈리아의 가톨릭 신자들이 정치 생활에 참여하는 데 도움을 주는 수단으로 인정했다. PPI는 창당 첫 해 11월에 있었던 선거에서 무려 20.5%의 득표율을 기록하면서 의회에서 100석을 차지하는 기염을 토했다.

물론 당시 PPI 내부에는 다양한 경향들이 뒤섞여 있었다. 크게 보면, 3가지 경향이 경합하고 있었다. 하나는 교권주의, 보수주의 경향이었고, 다른 하나는 사회주의 성향이 강한 소규모 좌익 분파였으며, 마지막은 농업 개혁을 비롯한 사회 개혁을 주장하는 온건 개혁 그룹이었다. 데 가스페리는 명백히 세 번째 그룹에 속해 있었다. 1922년 '로마 진군' 이후 무솔리니가 총리로 취임하고 파시즘이 정권을 장악하자, 개혁을 외친 데 가스페리는 정권의 감시를 받게 되었다. PPI 내의 일부 분파는 파시즘을 공공연히 지지하기도 했다. 그러나 스투르초는 1923년 당 대회에서 19세기에서 상속받아 오늘날의 세계를 타락시킨 이단적 경향들을 지적하면서 PPI가 "세속적 자유주의, 사회주의 유물론, 범신론적 국가와 신격화된 민족의 반명제"임을 천명했다. 그러면서 무솔리니 정부에 대해서는 "조건적 협력"만을 인정했다.[5]

스투르초의 연설은 즉각 파시스트들의 반발을 불러왔다. 그리하여 도처에서 압력을 받은 스투르초는 결국 이듬해 당 대표직에서 사임해야 했다. 데 가스페리가 스투르초를 대신했다. 데 가스페리는 1924년 4월 선거까지 당을 지도했는데, 파시스트 정권의 온갖 협박과 폭력에도 불구하고 약 9%의 득표율과 40개의 의석을 얻었다. 데 가스페리의 리더십을 엿볼 수 있는 대목이다. 그런데 6월에 이탈리아 정치를 뒤흔든 사건이 일어났다. 이탈리아 현대사에서 가장 유명한 사건들 중 하나인 마테오티 암살 사건이 바로 그것이었다. 마테오티(Giacomo Matteotti)는 파시스트 정권을 신랄하게 비판해온 사회주의 계열 의원이었는데, 변사체로 발견된 것이었다. 즉각 여론이 들끓었고, 반파시즘 진영은 의회에서 아벤티노 언덕으로 철수하여 독자적인 회기를 가졌다. 이것이 저 유명한 '아벤티노 회기'이다. 그럼으로써 파시즘과 반파시즘이 첨예하게 격돌한 정치 위기가 도래했다. 스투르초는 바티칸의 조언에 따라 파리로 피신했다. 곧이어 11월에 PPI 의원들은 모두 의회에서 쫓겨났고, 당은 해체되었다.

1927년에 데 가스페리는 파시스트 당국에 체포되어 4년형을 언도받았다. 그러나 지인들의 구명 노력과 교황 비오 11세의 영향력으로 16개월만 복역하고 석방되었다. 석방된 후에는 바티칸 도서관의 사서로 일하게 되었다. 당시에 그는 경제적 어려움을 겪고 있었는데,

---

5   Richard Mayne, "Schuman, De Gasperi, Spaak: The European Frontiersmen," *Eminent Europeans: Personalities Who Shaped Contemporary Europe*, eds. Martyn Bond, Julie Smith and William Wallace, London: The Greycoat Press, 1996, p. 30.

낮에는 도서관에서 책을 분류하고 밤에는 독일어를 번역하며 부업에 열중했다. 그러나 데 가스페리가 정치를 포기한 것은 결코 아니었다. 이미 소개했듯이, 그는 감옥에서 쓴 편지에서 자신에게 정치는 소년 시절부터의 경력이요 사명이었다고 하면서 '직업=소명'으로서의 정치관을 밝힌 바 있다. 이 대목에서 일찍이 "직업으로서의 정치"를 논한 사회학자 베버(Max Weber)가 떠오르는데, 데 가스페리는 파시즘 치하의 엄혹한 현실에서도 굴하지 않고 '그럼에도 불구하고!'를 외치며 정치 활동을 이어갔다.[6] 그는 바티칸에서 일하면서 밀라노와 피렌체 등지에서 은밀하고도 분주하게 정치 단체들과 접촉했던 것으로 보인다. 이때 접촉한 대상은 다양한데, (훗날 유럽경제공동체 위원회의 위원이자 유럽석탄철강공동체 의장을 역임하게 될) 말베스티티(Piero Malvestiti)와 그가 이끈 〈교황행동당(Azione Guelfa)〉을 비롯하여 라 말파(Ugo La Malfa)와 파리(Ferruccio Parri) 등이 주도한 반공산주의적 사회주의 성향의 민주주의 정당인 〈행동당(Partito d'Azione)〉에 이르렀다.

---

6 베버는 정치가를 '악마적' 수단과 관계하면서도 '천사적' 목표를 실현하는 것을 자신의 소명으로 여기는 사람으로 파악했다. 베버는 생애 말년의 유명한 강의인 "직업으로서의 정치"의 결론부에서 소명으로서의 정치를 다음과 같이 웅변조로 표현하고 있다. "자신이 제공하려는 것에 비해 세상이 너무나 어리석고 비열하게 보일지라도 이에 좌절하지 않을 자신이 있는 사람, 그리고 그 어떤 상황에 대해서도 '그럼에도 불구하고!'라고 말할 능력이 있는 사람, 이런 사람만이 정치에 대한 '소명'을 가지고 있습니다." 막스 베버, 전성우 옮김, 『직업으로서의 정치』(서울: 나남, 2007), p. 142. 또한 같은 책의 "역자 서문"을 참조하라.

이런 비합법적인 정치 활동 속에서 점차 기독교 민주주의의 이념과 강령이 구체화되고 〈기민당(Democrazia Cristiana)〉(이하 DC)이 탄생했다. DC의 기원은 파시즘의 패색이 짙어갈 무렵인 1942년 9월에 이탈리아 철강업을 대표하는 가톨릭 기업가 팔크(Giorgio Enrico Falck)의 밀라노 사저에서 이루어진 비밀 회합으로 거슬러 올라간다. 여기에는 PPI 출신의 데 가스페리와 셸바(Mario Scelba), 그롱키(Giovanni Gronchi)를 위시하여 이미 언급된 교황행동당의 말베스티티, 〈가톨릭행동당(Azione Cattolica)〉의 안드레오티(Giulio Andreotti)와 모로(Aldo Moro), 〈이탈리아 가톨릭 대학생연맹(Federazione Universitaria Cattolica Italiana, FUCI)〉의 판파니(Amintore Fanfani)와 도세티(Giuseppe Dossetti) 등 훗날 DC의 핵심 구성원이 될 인물들이 참여했다.

○ 지지자들에 둘러싸여 있는 데 가스페리

DC는 무솔리니가 실각한 1943년 7월 25일까지 비밀 활동을 전개하다가 바돌리오(Pietro Badoglio)의 임시정부가 휴전을 선포한 뒤 9월 10일에 수립된 민족해방위원회(Comitato di Liberazione Nazionale, 이하 CLN)에 참여함으로써 본격적으로 주요 정치 세력으로서 등장하게 되었다. 이와 동시에 DC는 여전히 나치 독일군과 파시스트들에게 점령된 북부 이탈리아의 미 해방 지역에서 활동한 다양한 파르티잔 조직들과 함께 저항운동을 조직했다. 가령 비공산주의 계열의 대표적 서항운동 단체인 〈자유의용군(Corpo dei Volontari della Libertà)〉에서 DC를 대표한 리더가 훗날 이탈리아 에너지 산업의 대부가 될 마테이(Enrico Mattei)였다. 그리고 잇따라 열릴 해방 공간이야말로 DC 당원 데 가스페리의 정치적 역량이 유감없이 발휘될 장이었다. 바야흐로 절치부심했던 데 가스페리의 경력이 그 절정에 다가가고 있었던 것이다.

이탈리아, 데 가스페리를 선택하다

1944년 6월 9일, 그러니까 나치 독일로부터 로마가 해방된 지 5일 만에 CLN 중앙위원회가 자유주의자인 보노미(Ivanoe Bonomi)를 수반으로 하는 임시정부를 수립했다. 이 임시정부에는 DC의 주요 인물들이 포함되었는데, 데 가스페리는 무임소 장관을 맡았다. 한편, DC는 7월 29-30일에 나폴리에서 당 대회를 개최했는데, 여기서 데 가스페리가 당 대표로 선출되었다. 이제 데 가스페리의 리더십이 운명의 시험을 기다리고 있었다.

1945년 4월 25일, 이탈리아가 공식적으로 해방된 후 사회주의자들과 행동당원들이 전면에 나서며 저항운동에서 명성을 드높인 〈행동당〉 출신의 파리가 과도정부의 총리로 취임했다. 새로운 파리 정부는 헌법과 총선, 나아가 이탈리아 정부 형태를 결정할 국민투표를 준비해야 할 과제를 떠맡았다. 그러나 파리 정부는 취약했다. 무엇보다 행동당 내부의 좌우 분열이 심각했고, 자유주의자들부터 공산주의자들까지 아우르는 다양한 스펙트럼의 연립을 이끌어가기에는 파리의 정치적 경험이 너무도 부족했다. 얼마 안 가 파리는 좌우파 양편으로부터의 비난에 시달렸고, 곧 신임을 잃어버렸다.

파리를 대체할 유력한 정치가로는 〈이탈리아 공산당(Partito Comunista Italiano)〉(이하 PCI)의 톨리아티(Palmiro Togliatti)와 〈이탈리아 사회당(Partito Sociale Italiano)〉(이하 PSI)의 넨니(Pietro Nenni) 등이 하마평에 올랐다. 당시 데 가스페리는 파리 정부에서 외무장관직을 맡고 있었는데, 대중적 인기는 넨니나 톨리아티에 견줄 수 없었다. 이를 잘 보여주는 것이 바로 "데 가스페리는 교회의 성구실로, 넨니와 톨리아티가 권력으로"라는 낙서가 도처에 휘갈겨졌다는 사실이다. 그만큼 좌파 세력이 강력하기도 했다. 그러나 신임을 잃은 파리를 대신하여 정작 새로 총리가 된 인물은 다름 아닌 데 가스페리였다. 데 가스페리야말로 이탈리아가 대외적으로 내세울 수 있고 충분한 정치적 통합을 실현할 수 있는 유일한 인물이라는 점을 좌우파 모두 인정한 것이었다. 이리하여 그는 1945년 12월 10일에 이탈리아 총리로 공식 취임했다. 데 가스페리의 나이 64세 때의 일이다. 초로의 신사가 폭풍우 속에 표류하던 이탈리아라는 배의 키를 쥔 것이다. 이 길 잃은 배가 과연 제 길을 찾아갈 것인가?

새로운 데 가스페리 정부의 앞길은 험난했다. 무엇보다 정부 자체가 극도로 다양하고 이질적인, 심지어 서로 상극인 정치적 경향들의 모자이크와 같았다. 제1차 데 가스페리 정부를 구성한 면면을 보면 그 점이 극명하게 드러난다. 세 명의 사회주의자(그 중 한명이 부총리인 넨니)와 두 명의 공산주의자(그 중 한 명이 법무장관인 톨리아티), 두 명의 행동당원, 두 명의 자유주의사, 세 명의 노동민주당원(demo-cratici del Lavoro)이 정부에 참여했다. 데 가스페리는 DC를 대표하여 총리이자 외무장관을 겸직했다. 사정이 이러했으니, 사공이 많았던 이탈리아라는 배가 산으로 가도 전혀 이상할 것은 없었다.

그런 상황에서 데 가스페리는 울긋불긋한 정치 세력들 사이에서 극단을 배제하며 균형을 유지하려고 애썼다. 그의 정치 노선을 가리켜 중도주의(centrismo)라고 부르는 까닭이다. 이와 같은 데 가스페리의 중도 노선은 DC를 진정한 의미의 국민 정당으로 만들려고 한 그의 노력에도 반영되었다. 그는 DC를 가톨릭 신자들만의 정당이 아니라 가톨릭 성격의 명실상부한 국민 정당으로 발전시키기를 강력하게 원했다. DC를 그런 정당으로 키우기 위해 데 가스페리는 DC 내부의 교권주의·보수주의 분파와 DC 외부의 극우 세력을 견제하면서 세속적인 온건 성향의 정당들과 광범위한 정치적 제휴를 추구했다. 온건 중도를 위해서 바티칸의 지도도 따르지 않았다. 당시 바티칸은 공산당의 영향을 배제하는 데 관심을 집중하고 있던 터라 반공산주의 노선을 위해 파시즘의 후신인 〈이탈리아 사회운동당

(Movimento Sociale Italiano))과의 동맹을 제안했는데, 데 가스페리는 이 제안을 단호하게 거부했던 것이다.

그런가 하면 1947년 5월에 사회주의자들과 공산주의자들이 주도한 파업과 시위가 잇따르며 정치 위기가 도래했다. 극좌파 언론들은 연일 정부와 미국을 공격했고, 심지어는 로마의 벽마다 "데 가스페리에게 죽음을"이라는 낙서가 쓰이기도 했다. 이 심각한 정치 위기에서 데 가스페리는 좌파 세력을 정부에서 추방하고 새로운 정부를 구성했다. 그리하여 한 명의 공화주의자―외무장관을 맡은 행동당 출신의 스포르차(Carlo Sforza) ― 와 또 한 명의 자유주의자―재무장관을 맡은 에이나우디(Luigi Einaudi) ―를 제외하고 모두 기독교 민주당원들로 이루어진 새로운 정부가 구성되었는데, 이것이 바로 제4차 데 가스페리 정부였다(데 가스페리는 1945년 말에 최초로 총리에 취임한 이후 대략 8년간에 걸쳐 연속해서 7개 정부에서 공히 총리로 활동했다). 이로써 데 가스페리는 네오파시즘이라는 극우와 공산주의라는 극좌를 동시에 배제하면서 DC와 군소 온건 세력들의 연립에 기초한 이른바 "DC의 시대"를 열었다.[7]

과연 DC는 전후 새로운 이탈리아의 산파였다. 1946년 4월 로마에서 개최된 DC 당 대회는 파시즘과 타협한 오점을 남긴 군주정을 폐지하기로 결정했다. 그리고 이 결정은 제헌의회 선거일인 1946년 6월 2일의 국민투표로 추인되었다. 이로써 이탈리아인들은 왕국과

---

7   De Pirey, *De Gasperi*, pp. 186-187.

공화국 사이에서 민주주의 공화국을 선택했다. 그런 점에서 1946년 6월 2일의 공화국 건국일은 1945년 4월 25일의 해방 기념일만큼이나, 아니 그 이상으로 이탈리아의 미래를 결정한 역사적 전환점이었다. 그리고 이탈리아인들은 또 하나의 중요한 선택을 했다. 1947년 12월에 헌법이 제정되어 이듬해 1월에 공포된 후 4월 18일에 총선이 실시되었다. 여기서 DC는 48.5%의 득표율을 기록하며 원내에서 압도적 다수를 이루었다. 이로써 DC가 진정한 국민 정당으로 발전해야 한다는 데 가스페리의 희망이 실현되었다. 한 세대 전에 데 가스페리가 이탈리아를 선택했듯이, 한 세대 후에 이탈리아인들은 데 가스페리를 자신들의 리더로 선택한 것이다.

새로운 이탈리아의 리더 데 가스페리의 최대 당면 과제는 전쟁으로 피폐해진 조국의 경제를 다시 일으켜 세우는 일이었다. 특히 원래 빈곤한 데다 전쟁의 충격을 가장 많이 받아 빈곤이 가중된 남부 경제를 소생시키는 일이 그의 큰 관심사였다. 데 가스페리는 마테라의 동굴집인 사시(Sassi)에 살던 주민들을 보고 엄청난 충격을 받은 후 남부 경제의 발전에 관심을 갖기 시작했다. 당시 마테라를 함께 방문한 데 가스페리 여사도 마테라 사람들의 비참함을 목격하고 눈물을 흘렸다고 한다. 그리하여 데 가스페리는 1947년 부츠 모양의 이탈리아 반도에서 발끝에 해당하는 칼라브리아의 실라에서부터 본격적인 재건 사업 — "식민화" — 에 나섰고, 유능한 경제학자들의 도움을 받아 토지 개혁을 포함한 체계적인 남부 개발 계획을 수립했다. 그리고 이 계획의 일환으로 1950년 8월에 남부개발공사(Cassa del Mezzogiorno)가 발족했다.

○ 데 가스페리 동상 제막식(1971년, 마테라)

　사실 데 가스페리의 남부 재건 사업에 대해 우려의 눈길을 보낸 사람이 적지 않았다. 심지어 80세의 스투르초도 데 가스페리의 계획이 무모할 뿐만 아니라 나라를 볼셰비키화시킬 우려가 있다면서 한사코 만류했다. 실제로 일부 DC 의원들은 데 가스페리의 남부 재건 사업으로 다음 선거에서 DC의 표를 잃을 우려가 있다고 강하게 비판했다. 즉 토지 소유자들이 다수를 이루고 있는 DC의 지지층이 등을 돌릴 수 있다는 것이었다. 그러나 이런 당내 일각의 우려에 대해 데 가스페리는 좋은 일을 하는 것은 다음 선거에서 승리하기 위해서가 아니라 이전 선거에서 승리한 사람들이 마땅히 해야 할 의무이기 때문이라고 응수했다.[8] 무릇 정치란 다음 선거를 위해 무언가를 약속하는 일이기 전에 먼저 이전 선거의 약속을 지키는 정직한 과정이어야 한다는 말이다. 그리고 이 말은 다음과 같은 유명한 데 가스페리의 말과도 너무나 잘 호응하고 있다. "정치꾼은 다음 선거를 내다본다. 그러나 정치가는 다음 세대를 바라본다."[9]

그런가 하면 데 가스페리는 충분히 예상할 수 있듯이 공산주의자들의 맹비난을 받았다. 남부 개발 사업에 소요되는 대부분의 비용이 미국이 제공한 차관으로 충당되는 것에 공산주의자들은 반감을 품고 있었다. 그리하여 시칠리아 등지에서 지방의 공산주의 활동가들은 "미국인들보다는 차라리 말라리아가 낫다"고 외치기도 했다. 또한 의회에서 반미 성향을 가진 좌파 의원들의 반대도 거셌다. 당시 데 가스페리가 직면했던 압박과 고충이 얼마나 컸는지는 다음 두 가지 일화에서 잘 드러난다.

한 젊은 공산주의자 의원이 연단의 데 가스페리를 향해 뛰쳐나와 주먹을 휘두르며 "너는 암살자일 뿐"이라고 거칠게 비난했다. 아마도 고령의 데 가스페리에게는 이보다 더 곤혹스러운 일이 없었을 텐데, 그는 다음과 같이 통렬하게 응수했다. "젊은이, 나를 '너'가 아니라 '당신'으로 부르는 것부터 시작하게." 이에 그 "젊은이"는 당황하여 제 자리로 돌아갔다고 한다. 또 다른 일화 한 토막. 1951년에 아이젠하워가 이탈리아를 방문해야 했을 때 데 가스페리는 의회에서 이 방문을 알리기 위해 말을 고르고 있었다. "로마에 올 방문객

---

8   De Pirey, *De Gasperi*, p. 203.

9   Marco Innocenti, "19 Agosto 1954: Muore Alcide De Gasperi," *Il Sole–24Ore*, 14 agosto 2008.

을 기다리고 있는데, 그는 바로……" 그러나 반미 성향의 좌파 의원들은 이미 누가 올지 알고 있었다. 그들은 데 가스페리의 말을 막으며 외쳤다. "이탈리아를 떠나라! 알고 싶지 않다! 자기 집으로 돌아가라!" 소요가 잦아들자 냉정을 되찾은 데 가스페리가 다시 말을 하려고 했다. 그러자 다시 구호가 터져 나왔다. "그만! 그만! 미국인들은 돌아가라!" 계속해서 데 가스페리는 변죽만 울리며 말을 잇지 못했다. 그 순간 그의 입에서 다음과 같은 말이 나왔다. "로마에 올 방문객을 기다리고 있는데, 그는 바로……로코소프스키[항간에 자주 거론되던 소련 원수]입니다." "아이젠하워"의 이름이 나오리라 예상하여 잔뜩 항의를 준비하던 의원들은 멍하니 입을 다물지 못했고, 곧 여기저기서 폭소가 터졌다. 그 후 데 가스페리는 무사히 연설을 마칠 수 있었다.[10] 이 두 일화는 데 가스페리의 임기응변과 유머 감각을 보여준다. 그러나 다른 한편으로 그가 직면한 압박과 고충의 크기도 짐작할 수 있게 한다.

데 가스페리의 야심적인 남부 개발 사업, 특히 양 극단의 반대를 무릅쓰고 추진한 토지 개혁은 1950년부터 본격화되었다. 토지 개혁은 볼셰비키화를 우려할 정도로 급진적인 것도 아니었고, 미국인보다는 차라리 말라리아를 선택할 정도로 무용하거나 무가치한 것도 아니었다. 수용 대상이 된 토지는 주로 미개간지였다. 대부분의 대농장들(latifundia)은 토지 수용 대상이 아니었다. 수용 대상은 대략

10　De Pirey, *De Gasperi*, pp. 167–168.

70만 헥타르로 추산되었는데, 토지 없는 10만여 농민 가구가 개혁으로 토지를 분배받은 것으로 추정된다. 이 가구들에는 농기구와 비료, 가축, 수도 시설과 전기 시설이 갖추어진 가옥 등도 제공되었다. 물론 남부 개발 사업을 과대평가할 필요는 없다. 데 가스페리의 전기 작가인 데 피레이(Elisabeth Arnoulx De Pirey)에 따르면, 이 개발 노력으로 일거에 남부와 북부의 경제적 격차가 사라진 건 결코 아니었다. 차이는 여전했다. 이른바 '남부 문제'는 해결되지 못했다. 어쨌거나 남부 코센차보다는 북부 밀라노에서 돈을 더 많이 벌 수 있다는 건 부정할 수 없는 사실이었다. 그러나 중요한 점은, "본질적으로 데 가스페리의 시대에 이루어진 거대한 노력 덕분으로 코센차에서 살아갈 수 있었고, 그것도 예전보다 좀 더 잘 살아갈 수 있게 되었다는 것이다."[11]

확실히, 남부 개발과 관련된 데 가스페리의 태도를 보면 '데 가스페리다운' 중도의 리더십이 잘 드러난다. 그는 볼셰비키화를 우려한 보수파와 더 급진적 토지 개혁을 주장한 좌파 사이에서 균형 감각을 유지하며 온건한 토지 개혁을 추진했다. 그는 고대 그리스 철학자들이 말하듯이, 용기가 만용과 비겁의 중간임을 명철하게 이해했던 정치가였다. 과연 중도주의는 어려운 노선이었다. 극단주의는 다른 극단으로부터 비판받지만, 중도주의는 양 극단으로부터 동시에 비판받을 수 있었다. 그러므로 중도주의는 바윗돌 같은 확신과 원칙

---

11   De Pirey, *De Gasperi*, p. 206.

이 없으면 견지하기 쉽지 않은 노선이었다. 패전에 의해 야기된 극단적인 고통의 시절에 양 극단을 피하며 국론을 통일해나가려고 한 데 가스페리의 결단은 그런 점에서 쉽게 절충주의로 폄훼될 일은 아니다. 오히려 격렬하게 터져 나오는 양 극단의 저항을 임기응변과 유머 감각으로 받아치면서 '불가능한 임무'를 수행한 그의 일관된 정치관과 이를 가능하게 한 중도주의 정치 기술을 새롭게 평가할 필요가 있을 것이다. 그러나 그의 정치적 리더십의 진면목은 아직 충분히 드러나지 않았으니, 중도의 리더십은 훨씬 더 '글로벌한' 것이었다.

이탈리아를 넘어 유럽을 향하다.

데 가스페리의 최대 당면 과제가 패전으로 피폐해진 전후 이탈리아 경제를 재건하는 것이었음은 분명하다. 그런데 경제 재건에는 막대한 자금이 필요했다. 이 비용을 어디에서 충당할 것인가? 데 가스페리의 판단으로는 미국의 지원 외에 다른 수단은 없었다. 그러므로 미국과의 동맹을 일관되게 추구하는 것이 그의 외교정책이었다. 1947년 1월에 있었던 데 가스페리의 미국 방문도 그런 맥락에서 이루어졌다. 미국 방문은 대성공이었다. 그는 미국으로부터 1억 달러 상당의 경제적 지원을 약속받았다.

곧이어 6월에 유럽의 재건을 위한 미국의 대규모 경제 지원을 담은 마셜 플랜(Marshall Plan)이 발표되었다. 마셜 플랜은 단순하게 표현하면 유럽을 미국 산업을 위한 시장으로 복귀시키면서 동시에 소련의 팽창을 봉쇄하는 이중적 목표를 겨냥하고 있었다. 특히 후자의 전략적 목표와 관련하여 미국은 이미 3월에 발표한 트루먼 독트린(Truman Doctrine)을 통해 그리스와 터키 등지의 공산화 위협에 대처하기 위한 이데올로기적 봉쇄의 필요성을 천명한 바 있었다. 이런 맥락에서 전후 이탈리아와 프랑스 등지에서도 준동한 공산주의 세력이 이들 나라의 경제적 파산 상태를 정치적으로 이용하지 못하게 하는 일이 필요했다. 그러므로 유럽 경제의 재건이 반드시 필요했고, 또 이를 위해서 대규모 경제적 지원이 필수적인 선결 요건이었다. 이것이 마셜 플랜이 나온 배경이었다. 미국의 새로운 정책은 종래의 고립주의를 버리고 유럽 문제에 적극 개입하고 나아가 유럽 통합에 전향적 자세를 보여주었다는 점에서 의미심장한 외교적 전환이었다. 아울러 마셜 플랜에 대해 소련 등 공산주의 국가들이 거부 의사를 밝힘으로써 '냉전'이 본격화되고 유럽 각국에서 일종의 '인민 전선'의 형태로 유지되던 좌우파 동거의 시대가 막을 내리기에 이르렀다.

마셜 플랜은 이탈리아에게는 기회였다. 외무장관 스포르차는 그것을 "역사적 기회"로 표현하면서 즉각 우호적 입장을 밝혔다. 물론 우려가 없지 않았다. 유럽 통합이 보호주의에 익숙한 이탈리아 산업에 미칠 부정적 효과를 우려한 사람들도 있었고, 이탈리아가 미국 중심의 서방 진영을 선택하기보다는 전략적으로 중립 노선을 견지하는 것이 국익에 더 유리할 거라고 주장한 세력도 있었다. 그럼에도 마셜 플랜으로 예상되는 이점은 명백했다. 첫째, 마셜 플랜은 경제 위기로 야기된 사회적 불안정, 즉 공산주의의 위협을 경감시켜 줄 것이었다. 둘째, 패전국 이탈리아의 국제적 고립을 탈피하여 국제적 지위를 회복하는 데 도움이 될 것이었다. 셋째, 경제적 부작용이 일부 있을 수 있지만 1차 원료의 지속적 공급과 국내 과잉 노동력의 유럽으로의 방출을 통해 이탈리아의 고질적인 난제를 해결할 수단을 제공할 것이었다. 특히 실업자 문제의 해결은 국내 좌파 세력을 약화시키는 데도 도움이 될 것이었다.[12]

마셜 플랜에 대한 이탈리아의 참여는 이탈리아가 미국이 이끄는 서방 진영에 가담했음을 알리는 신호탄이었다. 이탈리아 공화국 최초의 선거인 1948년 4월의 선거에서도 핵심 쟁점은 외교 문제였다. 외교정책이 한 국가의 선거에서 쟁점이 되는 경우는 드물지만, 당시 이탈리아에서는 미국 중심의 서유럽 진영에 가담할 것인가, 아니면 소련 중심의 동유럽 진영에 가담할 것인가의 여부가 초미의 관심사였다. 데 가스페리와 DC의 압도적 선거 승리는 이탈리아인들이 서방과의 동행을 선택했음을 웅변으로 말해주었다. 이탈리아는 대서양 동맹에도 공식적으로 초대받았다. 이탈리아가 서유럽에서 가장 강력한 공산당을 보유한 나라였으므로, 이 문제도 격렬한 논쟁을 야기했다. 난상 토론 끝에 이탈리아 의회에서 찬반 투표가 이루어져 찬성 342표, 반대 170표, 기권 19표로 대서양 동맹안이 통과되었다. 그 후에도 토론은 나라 전역에서 이어졌다. 여기서도 이탈리아의 국론은 외교정책을 중심으로 나뉘었다. 결국 1949년 4월에 이탈리아는 북대서양 조약(North Atlantic Treaty)에 조인했고, 그 한 달 후에는

---

12 이선필, 『유럽 통합: 이상과 현실, 데 가스페리의 유럽주의와 외교정책』(서울: 높이깊이, 2006), pp. 31-37.

유럽 평의회(Council of Europe)에 참여했다. 스포르차는 자문기관인 유럽 평의회에 대해 시대를 앞질러서 등장한, 명실상부한 유럽 의회라고까지 추켜올리기도 했다. DC의 거물 정치인 안드레오티는 훗날 이 모든 사실을 회고하며 전후 이탈리아에서는 대서양 동맹에의 참여를 둘러싼 외교정책이 최대 쟁점이었고, 이는 "세력균형의 원리"와 외교술의 발상지인 이탈리아에서는 결코 놀라운 일이 아니었다고 평했다.[13]

그러나 '대서양 선택'으로 기는 길이 일직선 도로였던 건 아니다. 실제로 이 선택을 둘러싸고 논란이 많았던 만큼 그쪽 길은 결코 순탄치 않았다. 무엇보다 데 가스페리의 선택 자체가 복잡했다. 예컨대 그는 1947년 3월에 영국과 프랑스, 베네룩스 3국 사이에 체결된 브뤼셀 조약(Treaty of Brussels)에 참여하지 않았다. 미국은 브뤼셀 조약을 유럽 방어 체제의 제1단계로 생각하여 이탈리아는 물론 더 많은

---

13 안드레오티는 전후 이탈리아에서 국내문제의 외교문제화를 날카롭게 지적했다. 즉 자본주의와 공산주의의 문제가 워싱턴과 모스크바 사이에서의 동맹의 문제로 표현되었다는 것이다. 이렇듯 이탈리아에서 외교 문제의 우위는 뿌리 깊은 것이었다. 즉 이탈리아는 근대 외교의 창시자인 마자랭(Jules Mazarin, 그는 프랑스에서 활동했지만 실은 이탈리아인 Giulio Mazarino였다)과 알베로니(Giulio Alberoni)를 낳았고, 외교의 이론가 마키아벨리(Niccolò Machiavelli)와 외교의 역사가 귀차르디니(Francesco Guicciardini)를 배출한 나라인 것이다. 이런 이탈리아 특유의 외교학 전통에 대한 안드레오티의 판단을 전적으로 받아들일 필요는 없겠지만, 유럽 정치에서 이탈리아가 차지한 독특한 지정학적 위상이 외교의 중요성을 부각했다는 점은 부정할 수 없다. Giulio Anreotti, "Foreign Policy in the Italian Democracy," *Political Science Quarterly* 109 (1994), pp. 529–530, 533–534.

유럽 국가들을 끌어들이기를 희망했으나, 데 가스페리 정부가 거부했던 것이다. 이탈리아의 거부 뒤에는 복잡한 셈법이 있었다. 무엇보다 DC 안팎에 '대서양 선택'을 부정적으로 보며 중립주의 노선에 우호적인 여론이 상당했다. 데 가스페리는 이런 여론을 고려하지 않을 수 없었다. 그런가 하면 '대서양 선택'은 좌파와 극우파의 비난에 구실을 제공할 수 있었다. 4월에 선거를 준비하고 있던 데 가스페리에게 이는 미묘한 문제였다. 물론 브뤼셀 조약에의 가입 거부는 이탈리아의 국제적 고립을 야기할 수도 있었지만, 이탈리아의 공산화를 우려하는 시각에서 보면 서방 국가들이 이탈리아를 방치하지 않을 거라는 점도 명백했다. 이는 3월에 이탈리아가 당시 유고슬라비아와 분할 통제하던 트리에스테의 이탈리아 복귀를 지지하는 미국과 영국, 프랑스의 3국 선언을 이끌어내고 프랑스와의 관세 동맹을 성사시킨 데서도 입증된다.[14]

그런데 1948년 4월 선거에서 DC의 압승은 상황을 바꾸어놓았다. 공산주의의 위협이 일단 진정된 것으로 보였다. 선거 승리는 이탈리아가 마셜 플랜의 재정 지원으로 경제 재건에 성공하여 공산주의의 위협을 자연스럽게 퇴치할 거라는 낙관론을 강화했다. 미국 정부도 이런 가설을 받아들였다. 그리하여 미국은 서유럽에서 이례적으로 공산당 세력이 강한 이탈리아에서 공산주의의 위협을 심각하게 평가하지 않게 되었고, 냉전 초기 반공산주의 선전전과 심리전의

14　이선필, 『유럽 통합: 이상과 현실』, pp. 40-42.

책임을 DC 정부와 자생적 반공주의 단체들이 맡아야 한다는 입장을 취했다. 그러나 미국의 고민은 데 가스페리와 DC가 반공산주의 활동에 그다지 적극성을 보이지 않는다는 데 있었다. 말하자면, 데 가스페리와 DC는 당시 미국의 입장에서 보면 다소간 불편한 동맹자였던 것 같다. 1953년 4월에 주 이탈리아 미국 대사로 루스(Clare Boothe Luce)가 부임한 뒤 이탈리아 국내 정치에 대한 미국의 개입이 본격화되었다. 루스는 이탈리아 내 다양한 반공산주의 단체들을 지원하면서 데 가스페리 정부에 압력을 가했다. 미국은 데 가스페리에게 공산주의 단체들이 소유한 국유재산을 몰수하거나 소련 및 동유럽 국가와의 교역을 중지시키라고 요구했으나, 데 가스페리는 헌법과 실정법의 한계를 넘어서는 활동이 아닌 한 이탈리아 정부가 할 수 있는 일은 없으며 교역의 중요성도 너무나 크다고 답변했다.

데 가스페리는 왜 그런 미온적 태도를 보였을까? 분명 데 가스페리는 이탈리아의 미래가 대서양 동맹에 있다는 점을 잘 알고 있었다. 그러나 그는 이 동맹에서 지정학적으로 이탈리아가 소외될 수도 있다는 두려움을 품고 있었다. 미국의 지원을 지속적으로 받을 수 있는 길은 공산주의의 위협을 퇴치하는 문제에서 이탈리아의 전략적 중요성을 인정받는 일이었다. 그런데 1948년 4월 선거에서 DC의 압승은 역설적으로 이탈리아의 전략적 중요성을 떨어뜨리는 결과를 낳았다. 그러므로 데 가스페리는 공산당의 존재가 오히려 미국의 경제적 지지와 방위 지원을 얻고, 나아가 (DC가 미우나 고우나 이탈리아에서 미국이 선택할 수 있는 유일한 정치 세력임을 과시함으로써) DC의 정치권력을 영구화하는 것을 보증하는 결정적 요소임을 꿰뚫어보았다.

이런 미묘한 정세 판단 외에도 공산주의의 위협에 대한 데 가스페리의 미온적 태도는 이탈리아 현대사에 대한 특정한 인식을 반영한 것이기도 했다. 확실히, 냉전이 이탈리아에서 공산주의와 반공산주의의 대결 구도를 극적으로 강화한 것은 사실이었다. 그러나 동시에 포스트 파시즘 시대 이탈리아의 헌정은 파시즘과 반파시즘이라는 또 다른 대립 구도 속에서 2개의 거대한 대중 정당, 즉 반파시즘이라는 큰 틀에서 함께 묶일 수 있는 기독교 민주주의와 공산주의, 즉 DC와 PCI 사이의 타협에 기초한 것이기도 했다. 그러므로 파시즘-반파시즘의 축을 무시하고 공산주의-반공산주의 축만을 부각하는 것은 전후 타협 체제를 허물어뜨릴 우려가 있었다. 이런 맥락에서 델 페로(Mario Del Pero)는 냉전이 최고조에 달했을 때에도 DC는 PCI를 (미국이 원했던 바와 같이) 완전히 제거하기보다는 굴복시켜야 할 "정당한 적"으로 간주했다고 본다. 이 경우에 DC와 PCI의 관계를 흔히 통용되는 '적대적 공생'의 관계로 볼 수도 있을 것 같다.[15]

이렇듯 공산주의-반공산주의, 파시즘-반파시즘의 대립을 동시에 고려하고 있었다는 사실에서 중도를 유지하는 데 가스페리만의

---

15 이탈리아 공산당의 강력한 존재는 그 자체 데 가스페리 정부에게 위협이었지만, 이와 동시에 미국의 관심과 지원을 계속해서 붙들어둘 수 있는 효과적인 수단이기도 했다. 데 가스페리는 이를 대 미국 협상 카드로 기만하게 활용했다. 이에 대해 루스 대사 등 미국 측은 종종 분통을 터뜨리곤 했다. 이 문제에 대한 흥미로운 분석으로는 Mario Del Pero, "The United States and 'Psychological Warfare' in Italy, 1948-1955," *The Journal of American History* 87: 4 (2001), pp. 1318-1334을 보라. 또한 이선필, 『유럽 통합: 이상과 현실』, pp. 42-43을 참조하라.

특별한 균형감각을 엿볼 수 있다. 그러나 그가 추구한 중도는 정확히 말하면 중도 우파의 길이었음을 잊어서는 안 된다. 파시즘과 공산주의 사이의 정확한 중도, 미국과 소련 사이의 정확한 중도는 아니었다는 말이다. 사실, 국내 정치에서 파시즘과 공산주의 사이의 중도라 하면 행동당이 더 적합했고, 외교정책에서 미국과 소련 사이의 중도라 치면 DC의 그롱키 그룹이 더 부합했을 터이다. 그런 점에서 데 가스페리의 중도는 명백히 오른쪽으로 '치우친' 중도였다. 과연 이달리아에서는 예나 지금이나 '중도'라는 말이 남용되는 경향이 있다. 우파든 좌파든 모두 '중도'인 것이다. 여기에는 이탈리아가 직면한 특유의 극단적이고 예외적인 상황 속에서 생기게 마련인 정상적인 상태—정상 국가(normal country)!—에 대한 열망이 작동하고 있는 것 같다. 하물며 전후 이탈리아의 극단적이고 예외적인 상황에서라면 비정상적인 것의 정상화를 뜻하는 중도에 대한 열망이 얼마나 클지는 능히 짐작하고도 남음이 있다. 그렇다면 데 가스페리의 중도주의도 바로 그런 이탈리아적인 맥락 속에서 이해해야 한다. 그리고 그의 중도주의란 정확히 우파 정치 속의 중도 정치 혹은 '치우친' 중도 속의 중도의 기술을 말하는 것이리라.

그러나 '치우침'이 중도주의를 훼손하지는 않았다. 데 가스페리는 치우쳤음에도 불구하고, 아니 치우쳤기 때문에 오히려 극단을 배제하고 균형을 유지하려는 정치적 본능이 강했다. 그러므로 중도는 여전히 '데 가스페리다운' 정치를 잘 설명해주는 키워드이다. 데 가스페리 특유의 그런 중도의 균형감각은 그의 마지막 걸작이라고 할 유럽 통합 계획에서도 확인된다. 여기서 문제는 민족 국가와 통합 유럽 사이의 중도였다. 데 가스페리는 한편으로 이탈리아의 완전한 복권과 재건을 열렬히 희구하면서도 다른 한편으로는 유럽 통합의 정당성을 비타협적으로 옹호하고 있었다. 사실, 데 가스페리는 1947년 즈음부터 공식 석상에서 '유럽'을 언급하지 않고 연설한 적이 한 번도 없을 정도로 유럽주의에 대한 열정이 넘쳤다. 이 때문에 말년의 데 가스페리에게서는 저울 눈금이 민족 국가에서 통합 유럽 쪽으로 기울어지고 있었다는 인상을 받기도 한다. 그러나 데 가스페리의 유럽주의는 그 이전부터 숙성되고 있던 노선이었다. 이미 1943년에 DC 강령 초안에 유럽 민족들 사이에서 "전반적인 연대를 증진하기 위한 주권의 제한"이라는 조항을 삽입한 사람도 다름 아닌 데 가스페리였다. 민족 국가의 입장에서 스스로 자기 주권을 제한한다는 발상은 파격적인데, 이런 발상은 1948년 1월에 반포된 이탈리아의 새로운 헌법에도 다음과 같이 반영되었다. "이탈리아는 다른 국가들과의 동등성을 조건으로 민족들 간의 평화와 정의를 확보하기 위한 질서에 필요한 주권의 제한을 허용한다. 이탈리아는 이 목적을 추구하는 국제기구를 후원하고 증진한다."

이처럼 데 가스페리가 이탈리아에서 '유럽'을 말하고 있었을 때, 유럽 통합의 역사에서 이정표가 될 사건이 발생했다. 1950년 5월 9일, 프랑스 외무장관 슈만(Robert Schuman)이 주요 자원인 석탄과 철강에 대한 유럽적 차원의 공동 관리를 제안한 것이었다. 이 슈만 플랜에 대해 데 가스페리의 이탈리아는 제일 먼저 참여 의사를 밝힌 국가였다. 이런 적극성은 얼핏 보면 잘 이해되지 않는다. 왜냐하면 이탈리아는 석탄 자원이 전무하고 철강도 미미한 나라였기 때문이다. 따라서 석탄 및 철강 자원에 대한 기능적 이해관계가 참여 동기는 아니었다. 오히려 이탈리아가 슈만 플랜에 참여한 것은 서독의 국제사회로의 복귀를 희망하면서도 프랑스와 서독의 급속한 접근 속에서 이탈리아가 소외될 위험을 없애고자 한 의도가 작용했다. 나아가 슈만 플랜에의 참여는 패전국 이탈리아가 다른 나라들과 동등한 조건에서 국제적 지위를 회복할 수 있는 절호의 기회였다. 나아가 이와 같은 유럽 국가들 간의 경제 협력은 이탈리아의 고질적인 경제 문제, 즉 과잉 노동력의 방출을 위한 기회가 될 수도 있었다. 비록 국내 좌파 세력의 반대와 제조업 분야 기업가들의 우려 때문에 이탈리아는 슈만 플랜을 가장 늦게 비준한 국가가 되었지만, 어쨌든 이탈리아는 프랑스와 서독, 베네룩스 3국과 함께 유럽석탄철강공동체(ECSC)를 탄생시키며 '작은 유럽(little Europe)'을 이룬 최초 6개국 중 하나가 되었다. 요컨대 데 가스페리는 슈만 플랜에 참여하는 것이 유럽 통합의 정당성과 이탈리아의 국익을 동시에 충족시킬 수 있는 신의 한 수임을 꿰뚫어봄으로써 유럽의 산파 역할을 했던 것이다.

데 가스페리는 여기에 만족하지 않았다. 1950년 10월 24일에 프랑스 총리 플레방(René Pleven)이 제안한 유럽방위공동체(EDC)의 제안에 맨 먼저 화답한 것도 데 가스페리였다. 그는 유럽 공동의 군대가 반드시 필요한 제도라고 역설했다. 이와 동시에 EDC를 발전시켜 유럽정치공동체(EPC)를 만들려는 시도가 이어졌다. 이런 원대한 구상을 지지하면서도 데 가스페리는 지나친 환상을 경계했다. "카롤루스 대제와 중세 시대에 대한 일체의 환상을 잊어버리십시오!" "우리는 자유의 원칙에 기초한 민주주의 국가들의 연립에 대해 말하고 있습니다.""우리는 유토피아의 딱지를 뗀 하나의 정치공동체를 구축하는 결정에 대해 말할 수 있습니다." 그러나 EDC와 EPC를 위한 계획은 당시엔 여전히 유토피아였다. 비록 서독과 네덜란드, 벨기에, 룩셈부르크가 이 안을 비준했으나, 이탈리아와 프랑스에서는 각국의 정치 위기로 말미암아 투표가 연기되었고, 프랑스 의회의 투표 결과 끝내 이 안은 부결되고 말았다.

데 가스페리의 유럽주의에 대해서는 논란이 많다. 어떤 사람들은 그의 유럽주의가 단순히 이탈리아의 국익을 추구하는 수단에 불과했다고 본다. 이렇게 볼 경우 그는 지극히 현실적인 정치가로, 즉 부정적인 어감에서 마키아벨리의 후예로 간주될 수 있다. 그러나 데 가스페리에게 '유럽'은 영감을 불어넣고 상상력을 자극하는 이상이기도 했다. 특히 신실한 종교적 신앙을 가진 그에게 영속적인 평화를 위한 유럽 통합은 추구해야 할 신성한 소명이었다. 과연 그는 DC의 임무를 "기독교라는 정신적 유산의 고결성을 보호하는 것"에서 찾았다. 또한 데 가스페리는 바로 눈앞에서 파시즘과 전쟁의 참화를 보고 겪은 세대의 일원이었다. 그런 그에게 유럽의 자유와 민주주의, 평화와 번영을 위해 유럽 통합은 더 이상 미룰 수 없는 절박한 과제였다.

> "나는 이탈리아가 아니라 유럽, 그것도 어제와 오늘의 유럽이 아니라 내일의 유럽에 대해 말하려고 합니다. 바로 우리가 머릿속에 그리고 준비하며 만들고 있는 바로 그 내일의 유럽 말입니다. 하나의 유럽 연방에 대해 말할 때 이는 무엇을 뜻하는

것이겠습니까? 대략 다음과 같은 것입니다. 이탈리아인들, 프랑스인들, 독일인들을 포함하는 일종의 거대한 스위스. 그 속에서 모든 이가 평화롭고 근면하며 번영하는 것."[16]

특히 주목할 점은 데 가스페리가 이탈리아인으로서 다민족 제국인 오스트리아-헝가리 제국의 변방 출신이었다는 사실이다. 이런 특이한 출신 배경으로 데 가스페리는 한편으로 이탈리아 애국주의라는 주제에 몰입할 수 있었지만, 다른 한편으로는 이런 애국주의의 불충분성을 경험으로 배울 수 있었다. 바로 이 대목에서 유럽 통합

✪ 로베르 슈만   ✪ 콘라트 아데나워

---

16   De Pirey, *De Gasperi*, p. 208.

과정에서 결정적 전기를 마련한 이탈리아의 데 가스페리, 프랑스의 슈만, 서독의 아데나워에게서 뜻밖에 확인되는 공통점을 엿볼 수 있다. 슈만과 아데나워도 데 가스페리와 마찬가지로 두 개의 나라가 접하고 있는 변경 지대 출신으로서 본능적으로 '유럽'에 친숙했던 정치가들이었다. 즉 데 가스페리는 이탈리아와 오스트리아 사이의 트렌티노, 슈만은 프랑스와 독일 사이의 알사스-로렌, 아데나워 역시 독일과 프랑스 사이의 라인란트라는 변경에서 출생했던 것이다.[17] 이와 관련하여 데 가스페리와 슈만을 특히 좋아했던 저명한 영국의 역사가인 토인비(Arnold Toynbee)는 데 가스페리의 사망 소식을 듣고 데 가스페리 집안에 보낸 추모 서한에서 이렇게 쓰고 있다.

"처음부터 끝까지 데 가스페리는 이탈리아 애국자였고, 쉬망은 프랑스 애국자였습니다. 두 사람 모두 지방 주민들의 이상을 만족시키지 못하는 외국 체제의 적대적인 조건 아래에 있었습니다. 그러나 두 분 다 애국자였음에도 불구하고 애국주의만으로는 충분치 않다는 것을 공동의 경험에서 배울 수 있었습니다. 그들은 민족주의가 좀 더 고상한 유럽 정신에 의해 완성되

---

[17] 물론 데 가스페리를 위시하여 슈만과 아데나워 같은 경계인들이 늘 민족주의의 해독제 역할을 하는 것은 아니다. 오스트리아 출신의 히틀러와 로렌 출신의 푸앵카레(Raymond Poincaré) 등도 모두 변방 출신이었지만 극단적 민족주의를 주창했다. 그러므로 경계인들이 편협한 민족주의 대신 국제주의에 친숙하다는 일반 법칙은 성립하지 않을 것이다.

고 확대되어야 한다는 사실을 이해하게 되었습니다."[18]

그렇다면 데 가스페리의 유작으로 남은 유럽 통합 계획은 한편으로 냉철한 현실정치의 산물임과 동시에 다른 한편으로 유럽 평화의 이상을 간직한 열정의 소산이기도 했다. 그렇듯 이상과 현실 사이에서도 그는 타고난 중도주의를 보여주고 있다. 그러나 정말로 우리가 주목해야 할 사실은 데 가스페리가 살았던 시대 자체가 이상과 현실이 서로 집근해가는, 역사적으로 특정한 상황이었다는 점이다. 무슨 말인가? 쉽게 말하면, 파시즘과 전쟁을 경험한 전후 유럽에서 경제 재건과 국제사회로의 복귀라는 이탈리아의 국익은 오직 유럽 통합을 통해서만 보장될 수 있었다는 것이다.[19] 이처럼 이상과 현실이 수렴된 순간은 역사적으로 매우 희귀한 경우였다. 데 가스페리는 바로 그런 역사적 순간을 특유의 감각과 직관으로 파악해냈던 것이다. 그러므로 그에게 이탈리아와 유럽은 서로 길항하기보다는 서로를 보충하는 관계에 있었다. 한 관찰자의 말대로, "데 가스페리에게 유럽 통합은 민족 국가를 대체하는 것이 아니라 강화하는 것이었다."[20] 그러나 유럽 통합의 불규칙한 역사가 보여주듯이, 데 가스페

---

18 De Pirey, *De Gasperi*, p. 232.

19 데 가스페리의 경우에 유럽의 이상과 이탈리아의 현실 사이의 관계에 대해서는 이선필, "이탈리아의 타고난 유럽주의자: 알치데 데 가스페리," 『인물로 보는 유럽 통합사: 빅토르 위고에서 바츨라프 하벨까지』, 통합유럽연구회 편(서울: 책과 함께, 2010), pp. 206-215을 참조하라.

20 Carlo Masala, "Born for Government: The Democrazia Cristiana in Italy," *Chris-*

리의 희망과는 달리 이상과 현실은 평화롭게 공존하면서도 언제라도 불화할 수 있었다. 데 가스페리도 이 문제에 대해서는 아무런 해결책도 제시할 수 없었다.

끝맺으며: "정치가는 다음 선거가 아니라 다음 세대를 내다본다."

데 가스페리의 말년은 정치 경력이 화려하게 꽃핀 시절이었다. 그는 생애 마지막 8년을 7개 정부의 수반으로 봉직했던 만큼 어깨를 짓누르는 책임감 속에서 상상을 초월할 정도의 바쁜 일정을 소화해야 했다. 일례로 그는 총리 외에 외무장관을 겸직한 1952년에 초인적인 여정을 주파하면서 마지막 작품인 유럽 통합을 위한 발걸음을 재촉했다. 먼저 1월에는 파리, 2월에는 리스본을 방문다. 그 후 5월 27일에 다시 파리로 돌아와 EDC 조약에 서명해야 했다. 7월에도 다시 파리로 날아가서 독일 자르 지역 문제를 논의했고, 룩셈부르크에서 ECSC 문제로 협의를 가졌다. 9월에는 독일 아헨(엑스-라-샤펠)에서 1949년에 신설되어 통합 유럽의 이념과 제도를 증진한 인물에게 주어지는 카롤루스 상을 수상했다. 다시 데 가스페리는 본에서 아데나워 총리의 환대를 받았고, 그의 집이 있는 쾰른도 방문하여 두 리더 간, 양국 간 친분을 공고히 다졌다. 훗날 아데나워는 데 가

---

tian Democracy in Europe since 1945, vol. 2, eds. Michael Gehler and Wolfram Kaiser, London and New York: Routledge, 2004, p. 109.

스페리야말로 "풍부한 학식과 재능과 에너지는 물론이요, 풍부한 재치와 선의"를 가진 보기 드문 정치가라고 찬사를 보냈다. 사실, 데 가스페리와 아데나워, 나아가 이탈리아와 서독의 두 기민당의 협력은 유럽 통합 과정에서 결정적이었다. 양자는 과거의 불행한 기억을 극복하고 전체주의로 오염된 '민족'의 개념 대신 '유럽'의 개념으로 우회해 전범국의 오명을 쓴 독일과 이탈리아가 국제사회의 새로운 존중과 인정을 획득한다는 공동의 목표를 위해 협력했다.[21]

그러나 데 가스페리의 마지막 정치 경력은 불행히도 그리 성공적이지는 못했다. 무엇보다 압승을 기대한 1953년 6월 선거의 결과가 좋지 않았다. 이 선거에서 DC는 승리하기는 했으나, 50%의 득표율을 얻지 못한 채 의석의 2/3를 확보한다는 원래의 목표를 달성하는 데 실패했다. 이에 대한 책임으로 데 가스페리는 총리직을 내려놓음으로써 사실상 정계에서 은퇴했다. 그가 은퇴할 당시에 그가 추진했던 EDC와 EPC 설립 계획의 전망도 밝지 않았다. 트리에스테의 이탈리아로의 귀속 문제도 아직 미지수였다. 확실한 것은 아무것도 없었다. 말년의 데 가스페리만큼 정치가 불확실성의 영토임을 뼈저리게 느낀 사람도 달리 없을 것이다. 은퇴한 후 데 가스페리는 1954년 8월 19일에 73세를 일기로 자신의 고향에서 가까운 발 디 셀라에서 영면했다. 그가 평생의 소명으로 여긴 정치에서 물러나자

---

[21]　데 가스페리와 아데나워의 협력에 대해서는 Tiziana di Maio, *Alcide De Gasperi e Konrad Adenauer: Tra Superamento del Passato e Processo di Integrazione Europea 1945–1954*, Torino: G. Giappichelli Editore, 2004를 참조하라.

곧 임종을 맞이했다는 사실은 의미심장하다. 데 가스페리에게 정치는 정말이지 "나의 경력이자 사명"이었던 것이다. 로마의 거리가 그를 추모하는 물결로 가득했다. 그러나 데 가스페리의 야심적인 EDC 설립 계획은 그가 사망한 직후인 8월 30일에 프랑스 의회가 비준을 거부함으로써 실패로 돌아가고 말았다. 데 가스페리의 시대는 아직 오지 않았던 것이다!

과연 데 가스페리가 온몸으로 살아내야 했던 시대는 극단적으로 어려운 시절이었다. 그는 다민족 제국에서 소수민족의 일원으로 태어나 민족적 차별을 겪어야 했다. 그 다음에는 자신이 선택한 '조국'에서 파시스트 독재에 의해 정치적 억압을 감수해야 했다. 파시즘이 패망한 후에는 패전으로 망가진 '조국'의 경제적 빈곤을 지켜봐야 했다. 그러므로 데 가스페리의 정치 역정은 민족적 차별과 정치적 억압, 경제적 빈곤과의 끊임없는 투쟁의 연속이었다고 말할 수 있다. 데 가스페리는 이 극단적으로 어려운 시절을 일관된 중도의 리더십으로 돌파했다. 특히 그는 냉전이 막 극성을 부리던 시대에 양 정치적 극단을 배제하고 국론을 통합하면서 놀라운 균형감각으로 첨예한 좌우 대립을 뚫고 나아갈 수 있었다. 그리고 이탈리아의 국익이 미국과의 동맹과 유럽 통합에 있음을 꿰뚫어보면서 감탄할 만한 외교술을 발휘했고, 이 공적을 인정받아 "이탈리아의 재건가"이자 "유럽의 아버지"라는 명예로운 호칭을 얻을 수 있었다.

데 가스페리는 그 자신이 명확히 규정했듯이 정치를 소명으로 간주한 프로페셔널 정치가였다. 그리고 "다음 선거가 아니라 다음 세대를 내다보는" 진정한 정치가가 되고자 했다. 데 가스페리는 극우와 극좌의 중단 없는 비난에도 불구하고 이탈리아를 서방 세계의 일원으로 안착시키고 다음 세대의 경제 번영을 위한 디딤돌을 마련했다. 물론 그는 현실적인 정치가였다. 그는 자신의 정치 철학이나 정치사상을 한 번도 체계적으로 정리하고 제시하지 않았다. 그는 반공산주의를 역설하면서도 PCI를 '적대적 파트너'로 인정했고, 미국과의 동맹을 옹호하면서 '유럽'을 옵션으로 끼워 넣었으며, 무엇보다 민족 국가와 통합 유럽의 관계를 모호한 상태로 남겨 놓았다. 그런 만큼 데 가스페리의 정치 철학이나 정치사상은 공백과 모순으로 점철되어 있었다. 그러나 그에게는 공백을 채우고 모순을 해결할 종교적 신앙이 있었다. 그가 어린 시절 사제를 꿈꾸었다는 것은 유명한 사실이다. 물론 당시에 사제는 한 집안의 장남이 가기는 힘든 길이었다. 사제의 길은 그의 동생이 대신 걸었다. 하지만 데 가스페리는 사제의 태도로 정치가의 길을 걷고자 했다. 한 논평가가 그를 두고 "신앙과 조국을 화해시킬 줄 아는" 사람으로 요약한 것은 참으로 절묘한 비평이었다.[22] 데 가스페리는 종교와 정치 사이에서도 중도를 걸었던 타고난 중도주의자였던 것이다.

데 가스페리의 중도주의는 온화하고 겸손하며 특유의 열린 태도와 짝을 이루고 있었다. 이런 태도로 그는 지위고하를 막론하고 뭇사람에게 좋은 인상을 남겼다. 그는 공무로 바빠 어쩔 수 없이 방문객을 기다리게 할 경우에도 양팔을 벌려 꾸밈없이 사과했다고 하며, 가난한 사람들에 대한 동정심을 잃지 않았고, 카스텔간돌포에 있는 빌라의 문을 항상 열어둘 정도로 개방적이었다. 특히 데 가스페리는 참혹한 러시아 전선에서 싸우다 전쟁포로가 된 이탈리아 장병들의 송환에 관심이 많았는데, 11년 동안 온갖 고초를 겪고 고국 땅을 밟은 장병들을 자신의 빌라에 초대한 것이 마지막 기쁨이었다고 밝혔다. 이 전쟁 포로들은 데 가스페리가 자신들의 석방을 위해 얼마나 애썼는지를 잘 알고 있었고, 그래서 이 전직 총리를 "알치데 아저씨"라고 부르며 감사를 표했다. 이 소품 같은 일화에서도 나타나듯이, 데 가스페리는 정치적 기교가 출중한 송곳 같은 현실 정치가였지만, 그와 동시에 조국의 현실에 진심으로 괴로워하고 조국의 운명에 대해 막중한 책임감을 느낀 도덕적 인간이기도 했다. 이 점은 수녀가 된 딸 루치아가 우리에게 전해주는 그의 마지막 상념에서도 잘 드러난다.

"만일 나 자신만이 문제라면, '그러므로 평화는 내게 돌아올 수 있다.' 그러나 미래의 책임감으로 나는 초조하다. 공직쯤이야 얼마든지 떠날 수 있다. 그러나 양심의 책임까지 회피하지는 못한다. 양심의 소리가 아직도 조국의 운명을 늘 생각하라고 내게 명한다. 그렇게 내일의 슬픔이 나를 괴롭히고 있다."[23]

---

22 Marco Innocenti, "19 Agosto 1954: Muore Alcide De Gasperi," *Il Sole-24Ore*, 14 agosto 2008.

23 De Pirey, *De Gasperi*, p. 235.

✿ 연표

1881년 4월 3일 트렌티노의 피에베 테시노에서 출생.

1905년 《가톨릭의 목소리(La Voce Cattolica)》 편집장이 됨.

1911년 6월 오스트리아–헝가리 제국의회 의원으로 선출.

1919년 이탈리아 시민권 취득. 스투르초가 주도한 이탈리아 인민당(PPI)
창당에 참여.

1921년 이탈리아 의회 의원으로 선출.

1922년 이탈리아 파시즘, '로마 진군'으로 권력 장악.

1926년 마테오티 사건, 아벤티노 회기, PPI 해산.

1927년 파시스트 당국에 의해 체포되어 4년형을 언도받음.

1928년 석방 후 바티칸에 칩거.

1942년 기독교민주당(DC) 창당에 주도적으로 참여.

1944년 이탈리아 왕국의 보노미 정부에서 무임소 장관 역임. DC 당 대표
로 선출.

1945년 4월 25일 이탈리아 해방.

1945년 12월 10일 이탈리아 왕국의 수상으로 선출.

1946년 6월 2일 이탈리아 공화국 탄생.

1947년 1월 미국 방문.

1947년 5월 정부에서 좌파 세력을 축출.

1947년 6월 마셜 플랜.

1950년 5월 슈만 플랜.

1950년 10월 24일 유럽방위공동체(EDC) 플랜.

1952년 5월 EDC 조약에 서명.

1952년 9월 카롤루스 상 수상.

1953년 6월 정계 은퇴.

1954년 8월 19일 사망.

1954년 8월 30일 프랑스 의회에서 EDC 조약 부결.

❀ 참고문헌

Anreotti, Giulio. "Foreign Policy in the Italian Democracy." *Political Science Quarterly* 109 (1994).

De Pirey, Elisabeth Arnoulx. *De Gasperi*. Cuneo: Famiglia Cristiana, 2002.

Del Pero, Mario. "The United States and 'Psychological Warfare' in Italy, 1948-1955." *The Journal of American History* 87: 4 (2001).

di Maio, Tiziana. *Alcide De Gasperi e Konrad Adenauer: Tra Superamento del Passato e Processo di Integrazione Europea 1945-1954*. Torino: G. Giappichelli Editore, 2004.

Masala, Carlo. "Born for Government: The Democrazia Cristiana in Italy." *Christian Democracy in Europe since 1945*, vol. 2, eds. Michael Gehler and Wolfram Kaiser. London and New York: Routledge, 2004.

Mayne, Richard. "Schuman, De Gasperi, Spaak: The European Frontiersmen." *Eminent Europeans: Personalities Who Shaped Contemporary Europe*, eds. Martyn Bond, Julie Smith and William Wallace. London: The Greycoat Press, 1996.

이선필. "이탈리아의 타고난 유럽주의자: 알치데 데 가스페리."『인물로 보는 유럽 통합사: 빅토르 위고에서 바츨라프 하벨까지』. 통합유럽연구회 편(서울: 책과 함께, 2010).

이선필.『유럽 통합: 이상과 현실, 데 가스페리의 유럽주의와 외교정책』(서울: 높이깊이, 2006).

장문석. "기독교 민주주의와 유럽 통합: 데 가스페리와 아데나우어를 중심으로 1945-1950."『역사와 담론』 46 (2007).

Per Albin Hansson

페르 알빈 한손, 장선화(연세대학교)

6장
위기와 갈등을 극복한 통합의 리더십

이 글은 20세기 초부터 중반까지 스웨덴을 복지국가로 발돋움하도록 이끈 정치가 페르 알빈 한손(Per Albin Hansson, 1885~1946)과 스웨덴 사민당에 대한 이야기이다. 21세기에 접어든 현 시점에 무려 100여 년 전 북유럽 국가의 이름마저 낯선 정치인에 대해 굳이 알아야 할 필요가 있는지 의문스러울 독자들을 위해 먼저 복지국가 스웨덴으로부터 출발해 시간을 거슬러 올라가 보자.

스웨덴은 민주주의 국가 가운데에도 협의 민주주의와 타협의 질서 속에 보편적 복지를 제도화한 특수한 사례로 손꼽힌다. 현재까지도 스웨덴은 복지와 경제수준, 평등한 사회질서, 남녀평등, 정치적 안정 등 다방면에서 최상위에 속하는 국가이다. 경제적 불평등이 높은 수준인 미국이나 일본, 권위주의 체제인 중국 등은 경제적·군사적 측면에서 강국일지는 모르지만 삶의 질과 평등지수 면에서 국민들이 만족하는 국가는 아니다. 하지만 스웨덴의 경우 자본주의 체제 하에서 평등한 삶을 영위하는데 가장 근접해 있는 국가로 알려져 있다. 국제적 지표, 즉 '수(數)'로 평가된 스웨덴은 누구나 부러워할 국가이다. 1990년대 복지국가 개혁과 현재 진행형인 남유럽 경제 위기를 계기로 유럽 복지국가들의 복지 재정 문제가 논란이 되기는 했지만 2000년대에 이르러서도 스웨덴은 소득, 주거, 환경, 교육, 삶에 대한 만족도, 공동체, 시민참여, 안정성 등을 고려한 삶의 질 측면에서 여전히 최상위 국가에 속한다(2013년 OECD "Better Life" Index 2위). 최근 국제적 이슈로 떠오른 시리아 난민들이 가고 싶은 유럽 국가로 독일에 이어 스웨덴이 2위를 차지했다. 독일이 경제적 풍요와 일자리 때문에 선호되는 대상이라면 스웨덴은 높은 수준의 복지와 이민자에 대한 관대한 사회보장 때문에 선호되는 나라로 조사되었다.

하지만 우리가 알고 있는 현대 국가 스웨덴이 처음부터 지금과 같은 복지국가였던 것은 아니다. 지금은 스웨덴 젊은이들조차 스웨덴 특유의 보편적 복지와 평등주의적 시스템이 원래부터 존재했던 것으로 받아들이는 경향이 있다고 하지만 사실 현재의 스웨덴 모델은 20세기 전반에 걸친 스웨덴 사민당 집권기에 구축되었으며 보수와 진보, 사회 계급 및 계층 간의 오랜 갈등과 타협 끝에 형성되었다. 1890년대에서 1900년대 초 근대화 과정에서 유럽은 보수주의, 자유주의 개혁파, 사회주의, 사회민주주의, 공산주의, 아나키즘, 생디칼리즘, 국가사회주의 등 좌우를 망라한 정치 이데올로기의 격전장이었다. 스웨덴 역시 예외는 아니었다. 스웨덴은 강한 독립 자영농 세력에 기반을 둔 농민 정치세력까지 포함해 이해당사자의 정치세력화가 더욱 활발했다. 그때까지 보수당과 자유당보다 세력이 약했던 스웨덴 사회민주당은 노동운동과 함께 성장한 노동자계급정당이었으며 당시 다른 유럽 국가의 사민당들과 마찬가지로 독일 사회민주당의 영향을 강하게 받았다.

하지만 1920년부터 1930년대까지 스웨덴 노동운동의 전환기라고 일컬어질 만큼 큰 변화가 진행되었다. 이 과정에서 스웨덴 사민당은 내부 노선투쟁을 통해 독일 사민당의 이념적 영향에서 벗어나 개혁주의적·실용주의적 접근을 중심으로 한 독자적 길을 모색하기 시작했다. 경제정책 면에서 상호 적대적이었던 농민당과 적록 동맹을 형성했고 기초적인 사회보장 정책을 도입했으며 외교적 중립노선과 전시 대연정을 통해 일찍부터 국민정당으로 지지를 확대할 수 있는 정치적 헤게모니를 구축했다. 1932년 집권 이후 스웨덴 사민당은 사민주의적 복지 및 성장 프로그램을 수립하고 거대 수권 정당으로 성장하여 이후 44년 간 집권정당으로 스웨덴을 이끌어가게 된다. 이와 같은 스웨덴 사민당의 사회 개혁 프로젝트를 국민들이 받아들일 수 있도록 "인민의 가정"으로서의 사민주의적 복지국가 이미지를 정치적으로 확립한 인물이 바로 페르 알빈 한손이다.

노동자의 아들에서 스웨덴 정부 수반으로

페르 알빈 한손은 1885년 10월 28일 스웨덴 말뫼(Malmö)에서 태어났다. 가난한 노동자의 아들로 태어나 초등 교육과정도 채 마치지 못하고 작은 상점의 사환으로 일을 시작했다. 스웨덴 사민당 청년조직에 가입한 한손은 초기에는 당내 좌파인 회그룬드(Höglund) 일파에 속했고 다른 청년 당원들과 마찬가지로 독일 사민당 카우츠키의 사상적 영향을 강하게 받은 사회주의자였다. 당 청년조직 리더이자 기관지 편집장으로 국제정세와 스웨덴이 당면한 현실적 문제들에 대해 고민하면서 한손은 탁월한 대중 연설가이자 신뢰받는 정당 정치인으로 성장했다. 민주주의적 제도 틀 내에서 점진적 사회개혁과 평등 사회를 실현하기 위해서는 노동자계급과 농민, 중간계급 등으로부터 지지를 얻어야만 하며 때로는 보수 정치세력과 부르주아 계급과도 협력해야만 한다는 사실을 직시했고 사회주의 혁명 조건이 성숙하기를 기다리며 자본주의의 불안정성과 위기 속에 국민을 방치할 것이 아니라 사회민주주의적 시스템을 통해 안정적 사회를 구축해야 한다고 주장했다.

브란팅(Hjalmar Branting) 내각에서 국방장관직을 맡았던 한손은 브란팅 사후 당 대표에 당선되었다. 한손의 리더십 하에서 치러진 1932년 총선에서 스웨덴 사민당은 압도적인 승리를 거두었다. 한손은 "인민의 가정(folkhemmet)"으로서의 사회민주주의적 복지국가로 스웨덴을 개혁하는데 앞장섰다. 14년간의 총리 재임 기간 동안 내각 총리로서 대외 관계 면에서 실용주의적 중립 노선을 유지하면서 국내적으로는 사민주의적 이상을 실현하기 위해 평등주의적 사회정책을 입안했다. 질병 및 실업 보조, 퇴직 연금, 보편적 치아 치료 보장 등 기초적 복지를 확대하는 사회개혁을 단행했고 국가 주도적 고용 확대를 통한 완전고용과 성장, 부의 재분배를 통해 계급 간 사회연대를 이끌었으며 제2차 세계대전 당시 스웨덴의 중립 정책과 두 차례의 대연정을 이끌면서 스웨덴 사민당이 수권 정당으로 정치적 헤게모니를 구축하는데 핵심적인 역할을 했다. 그는 제도 교육을 제대로 받지 못한 노동자계급 출신이었으나 오히려 총리 재임 시절 지나치게 부르주아 기업가들과 시간을 많이 보낸다는 비판을 당내에서 받기도 했다. 또한 페르 알빈(Per Albin)이라는 이름은 원래 스웨덴에서 왕족에게 붙이는 이름으로 노동자 계급 출신에서는 찾아보기 어려운데, 입헌군주국인 스웨덴에서 한손이 국부의 이미지를 갖고 대중에게 자신을 알리는데 이 이름이 유리했다고 한다. 이와 같은 대중적 이미지를 한손은 잘 활용했으며 추상적 이론이 아닌 "인민의 가정, 시민의 국가"와 같은 이해하기 쉬운 레토릭과 연설을 통해 사회민주주의적 복지국가의 구체적 상을 제시했다.

정치적 아이디어는 탁월한 전략가에 의해 만들어지지만 이를 현실적으로 구현하기 위해서는 대중적인 설득력과 정치적 합의를 이끌어낼 수 있는 협상력을 갖춘 정치인이 필요하다. 쉽게 말해 한손은 시대적 위기에 대안적 정책 아이디어를 실현할 수 있는 통합적 리더십의 필요성을 제시하는 인물이라 하겠다.

산업화와 민주화: 20세기 초 스웨덴과 청년 당원 한손

한손이 스웨덴 사민당 청년조직에 가입하여 정당 정치가로 성장하는 과정은 당시 급속한 산업화와 함께 팽창한 스웨덴 노동자 계급의 정치적 성장과정을 잘 보여준다. 1889년 창당한 스웨덴 사민당은 1903년 청년조직을 만들었고 한손은 이를 기반으로 점차 정당 운동가로 성장했다. 1908년 청년조직 대표 23인 가운데 하나였던 한손은 곧 조직위원장으로 선출되었고 청년조직 기관지인 《전진(Fram)》[24]의 편집장을 역임하면서 당내 신진 정치세력을 대표하는 인물 가운데 하나로 성장했다.

19세기 말과 20세기 초 스웨덴의 가장 큰 사회 문제는 이민 문제였다. 스웨덴의 산업구조는 여전히 농업 비중이 컸으나 경작지에 비해 인구가 크게 증가해 식량이 부족했다. 1870년대부터 1910년까지 급격한 산업화가 진행되었지만 여전히 새로 형성되는 일자리는 인구수에 비해 턱없이 부족했다. 1867년부터 1886년 사이에 50만 명이 일자리를 찾아 스웨덴을 떠났다. 1890년대 수출 제조업을 중심

---

24 스웨덴어 "Fram"은 "앞에, 앞쪽에, 앞으로" 등의 의미이다. 영어로 "Forward"로 번역, 소개되고 있으며 기관지 이름임을 감안해 한국어로는 "전진"으로 번역했다.

으로 광업, 임업이 발달하면서 이 숫자는 조금씩 줄어들었지만 1850년대부터 1925년까지 총 100만 명이 북아메리카로 이민을 떠난 것으로 집계된다. 당시의 시대상을 글로 옮긴 덴마크 사회주의 소설가 마르틴 넥쇠 원작을 영화화한 〈정복자 펠레〉에서 스웨덴 노동자의 아들 펠레가 덴마크를 거쳐 떠나간 곳이 기회의 땅 미국임을 암시하듯 100만 명이란 이민자수는 1900년 스웨덴 인구의 1/5에 해당하는 숫자였다.

인구의 팽창을 우려해 이민을 방임하던 보수 세력은 노동력 확충의 필요성을 뒤늦게 깨달았다. 보수당 정부는 사회주의와 자유주의 세력의 사회개혁 요구에 유연하게 대응했다. 노동력 유출을 억지하고 산업화를 촉진할 방법을 모색하기 위해 정부는 이민 대책 위원회를 결성하고 기업, 노조, 산업 전문가들이 참여하는 산업정책 추진 분과를 설치하여 비효율적이었던 산업 체질을 개선하고 공세적 산업 정책을 결정했다. 스트라스(Strath 1996)는 특히 지주 귀족세력에 공동으로 대항했던 왕과 독립 자영농과의 협력관계는 독일과 달리 스웨덴에서의 산업화 과정에서 보수 세력과 일반 인민 간의 협력을 가능하게 한 역사적 기반이 되었다고 설명한다. 또한 당시 급격히 성장한 노동운동 세력에도 불구하고 독일과 같은 유럽 대륙 국가와 달리 스웨덴에서는 도시와 농촌 간에 대립적 사회 균열이 형성되지 않았는데, 여기에는 스웨덴의 지체된 산업화와 도시화로 인해 농촌에 남아있던 독립 자영농 세력이 지역 네트워크를 통해 여전히 영향력을 유지했던 사회적 배경이 작용했다. 하지만 농민당은 여전히 수출 중심적 산업화 정책 추진 과정에서 농업 보호를 옹호했으며, 보수당의 정치적 연합세력이었지 스웨덴 사민당의 협력 대상이 아니었다.

　노동시장에서는 노동조합 세력이 급속히 성장하고 이에 대응하는 사용자조직이 형성되어 양자 간 협의가 시작되었다. 1895년부터 1910년 사이에는 스웨덴 노동조합의 "열린 카르텔(open cartel)" 전략이 지배적이었다. 지역의 동종 업종 노조와 사용자들이 적정 임금 수준에 합의하고 저임금 고용을 억지하여 자신의 이익을 방어하기 위한 담합적 협약 형태로 조합에 가입하지 않은 노동자까지 포괄했다. 하지만 특정지역의 직능별 노동조합 조직이 형성되고 임금 협상이 제도화되었다고 해서 스웨덴 산업현장에서의 평화가 보증된 것은 아니었다. 스웨덴은 1930년대 이전까지 파업 및 노동쟁의가 유럽에서 가장 높은 수준이었다. 무엇보다 소수의 산업노동자만이 노동조합에 가입해 있었다. 즉, 당시까지 노동시장 조직은 지역별 직능 조합 조직에 불과했으며 전국적 차원에서의 공통된 이해 증진과 사회 개혁을 주창할 수 있는 사회 세력이 아니었다. 1898년 설립된 전국노동자총연맹(LO)은 아직 전국적으로 체계적 연계를 갖고 노동자 계급의 이익을 대표하고 협상하는 조직적 위계구조를 아직 갖추지 못하고 있었다.

스웨덴 사민당과 한손의 사회민주주의 전략

　이러한 시대적 배경 속에서 스웨덴 사민당은 초기에 다른 유럽 사민주의 정당들처럼 독일 사민당의 이념 및 정책적 영향을 크게 받았다. 1897년 채택된 스웨덴 사민당의 강령은 독일 사민당 에르푸르트 강령의 영향으로 '점진적' 사회주의 체제 전환, 계급투쟁, 국유화가 명시되어 있었다.[25] 스웨덴 사민당의 중심 입장은 독일 사민당 이론가 카우츠키의 점진적 사회주의 전략을 따른 것이었고 한손 역시 당의 주류 입장에 서 있었다. 스웨덴 사민당이 1904년 사회주의인터내셔널에서 카우츠키가 제안한 부르주아 정당과의 협력 반대 원칙을 지지하는데 망설였다는 기록이 있지만 국유화 프로그램 등 핵심적 경제정책은 여전히 고수하고 있었다. 당시로서는 전통적 사회주의 경제정책에서 벗어난 다른 대안이 없었다는 것이 보다 정확한 표현일 것이다.

1914년 전운이 감도는 유럽에서 군비 확대와 군 의무복무 기간에 관련한 정당 간 입장 차이가 드러났는데 사민당 내에서는 군비예산을 둘러싼 논쟁이 벌어졌다. 한손의 청년조직 시절 발언을 참고하면 그는 전쟁에 반대하고 노동자의 국제적 연대를 통한 혁명을 지지하는 사회주의자였으나 군축과 평화를 일관되게 주장하는 청년조직 내 급진파들과는 달리 점진적 군축을 결정한 당 지도부의 온건한 입장을 지지했다(Tingsten 1973, 501-502 참조).

스웨덴 사민당은 이때까지 보통 선거권 확대를 최우선 목표로 하고 있었다. 중립노선으로 제1차 세계대전의 피해에서 비껴 나 있

---

25 스웨덴 사민당의 초기 강령에 대해서는 Bergström(1988/1992, 132-134), Tsarouhas(2008) 참조.

었던 스웨덴에서는 산업화에 이어 민주주의 제도화가 진행되었다. 사민당은 자유당과 보통 선거권 확대를 요구하는 민주화 과정에서 협력했고 사민당-자유당 연립내각 하에 1921년 남녀 성인 투표권이 확립되었다. 스톡홀름 중앙당에 진출해 있었던 한손은 브란팅의 신임을 얻어 1917년 당 기관지 《사회민주주의자(Social-Demokraten)》 편집장을 역임했고 마침내 하원의원에 당선되었다. 러시아혁명을 계기로 1917년 당 지도부 가운데 전쟁 준비의 무의미성을 주장하던 회그룬드와 청년조직 급진파가 사민당을 떠나 공산당(현 좌파당)을 창당했을 때 한손은 이들과 반대되는 입장을 분명히 했으며 이후로도 공산당과 비타협적인 태도를 유지했다.

곧이어 1920년 최초로 사민당이 단독 소수정부를 수립하자 총리로 취임한 브란팅에 의해 젊은 나이에 국방장관으로 임명되었다. 한손은 군비축소를 통해 정부 예산을 비축하여 국내 경제를 활성화하고 사회복지 지출을 증대했다. 하지만 국방부 장관 재임 경험은 군축과 평화를 주장하던 사회주의자적 입장에서 이후 한손이 국방 문제에 대해 현실주의적 관점으로 전환하는 계기가 되었다(신정완 2011, 58). 제1차 세계대전 당시 브란팅 역시 당의 입장과는 달리 국방예산을 더 늘리는 방향을 선호하여 이중적 입장을 취한 것으로 알려져 있는데 브란팅의 후계자였던 한손은 브란팅 내각의 각료로 재임하면서 이념적 입장에 앞서 국가적 이익을 고려하는 현실주의적 필요성을 느끼게 된 것이다. 특히 대외 관계 면에서 사회주의적 이데올로기와 노선상의 원칙을 고수하기보다 유연하고 국가 중심적 전략을 채택하는 경향은 이후 총리가 된 한손이 스웨덴 국민의 안전을 최우선으로 고려하는 방식의 외교적 중립노선을 채택하고 유지하는 데에서도 나타난다.

스웨덴 사민당은 1920년대에 연이은 3차례 총선에서 승리하여 단독 정부를 구성했으나 소수 정부로서의 한계 속에서 추진된 긴축 위주의 경제정책은 부르주아 정당들과의 정책적 차별성이 크지 않았다. 빠른 경제성장으로 1920년대 초 경제 위기는 넘길 수 있었으나 크로나 평가절하와 가격 복귀 정책에도 불구하고 실업은 여전히 줄어들지 않았다. 1914년 실업위원회가 설치되어 유지되고 있었으나 자유주의자 입장에서 실업은 국가가 개입하지 않고 시장에서 자연적으로 해소될 문제였고 사회주의적 경제결정주의에 따르면 일상적인 정치 활동은 무의미한 것이기 때문에 양자 간의 논리는 상이할지라도 위원회 역할은 미미할 수밖에 없었다. 오히려 노동시장의 수요와 공급을 일치시킬 수 있도록 임금을 낮춰 고용을 늘리는 것이 유일한 해결책이라는 비사회주의 진영의 임금 이론에 사민당이 마지못해 동의하고 있었다. 여전히 단독으로 집권할 수 있는 지지 기반을 구축하지 못한 사민당은 자유당과의 연합을 계획했으나 1924년 당시 재무부 장관이었던 비그포르스가 추진한 의료보험과 실업보험 등 사회보장정책들이 자유당의 반대에 부딪히면서 연합 가능성이 사라졌다. 한편으로 스웨덴 사민당은 1920년대에 역시 노동자 출신이었던 걸출한 이론가 칼레비(Nils Karleby)를 중심으로 〈사회화 위원회〉를 구성해 혁명이 아닌 자본 소유권의 점진적 사회화 전략을 구체화하기 위해 노력했으나 1926년 칼레비가 젊은 나이에 사망한 후 진전이 없었다. 더욱이 1923년, 1925년에 걸쳐 공산당을 만들어 탈당했던 회그룬드 등을 비롯한 급진 좌파 세력의 일부가 사민당으로 복귀하면서(Therborn 1988/1992) 당내에 급진 좌파와 개혁주의 우파 간의 갈등이 여전히 남아있었다. 1911년 이후 지속적으로 지지를 확대해가고 있었지만 당내 갈등, 의회에서의 정당 간 갈등, 정책적 대안의 부재 등으로 스웨덴 사민당만의 독자적 정체성은 아직 확립되지 못하고 있었다.

1925년 브란팅 사후 엘란데르(Tage Erlander)를 대신해 임시로 사민당 낭수를 역임한 한손은 리더십의 정통성 논란을 뒤로 하고 1928년 정식으로 당 대표에 선출되었다. 비그포르스가 한손을 적극적으로 지지한 것이 크게 작용을 했다고 알려져 있지만 청소년 조직에서부터 브란팅 정부 각료로 재임하기까지 한손은 사민당원이자 신뢰할만한 리더로서 당내 입지를 굳건히 해 왔다. 한손이 당 대표로서 처음으로 치르게 된 총선을 앞두고 스웨덴 사민당은 비그포르스의 제안으로 부유층에 대한 급진적인 누진적 상속세 법안을 제출했다. 부르주아 정당들은 격렬히 반대했고 보수 기득권층과 중산층들 또한 이에 동조했다. 한손은 1928년 사민당 전당대회에서 당이 자기비판의 자세로 이데올로기적 궁지를 검토하고 새롭고 분명한 정책을 고안해야 한다고 촉구했다. "세금 이슈 이외에 우리 정당의 경제정책은 조금도 나아간 바가 없다. 급진적인 변화를 단행해야 할 때이다. 우리에게 필요한 것은 우리가 주장해온 경제 정책적 요구들을 구체적 프로포절로 옮기는 실현가능한 계획이다"(Lewin 1985, 131에서 재인용). 그럼에도 불구하고 사민당의 경제정책은 여전히 답보상태인 채로 1928년 총선을 맞이했다.

1928년 총선은 속칭 "코사크 선거(Cossack election)"로 지칭되는데 당시 선거 캠페인에서 사민당은 공산당과 연대했으며 보수주의 선거연합은 상속세 법안과 공산당과의 선거연합을 빌미로 스웨덴 사민당이 선거에서 승리할 경우 러시아 코사크 기병대가 스웨덴 여성과 아이들을 짓밟을 것이라고 선전했고 노동자 정당에 투표하는 것은 사회 혁명을 지지하는 것과 마찬가지이며 결국 볼셰비키를 국내에 끌어들이게 될 것이라는 내용이 담긴 포스터를 붙였다. 선거 결과는 사민당의 급격한 지지 감소로 나타났다. 스웨덴 사민당의 지지율은 성인 남성의 보통선거가 처음으로 실시된 1911년부터 지속적으로 증가세에 있었고 1924년 41%에 달했던데 비해 1928년에는 처음으로 37%로 감소한 것이다.

한손을 비롯한 사민당 지도부는 선거 결과에 큰 충격을 받았다. 이후로 한손은 공산당과 거리를 두고 당내 급진주의 세력에도 당론과 반대되는 발언을 자제하도록 규제하기 시작했다. 하지만 한손은 1928년 선거에 참패한 근본적 이유를 급진적 상속세 법안 때문이라고 진단했다. 점차로 "아이디어도 중요하지만 아이디어의 현실화를 위해서는 좋은(설득력 있고 현실적인, 역주) 프로포절이 필요하다"(Bergström 1988/1992 137에서 인용)는 고민이 깊어졌다. 급진적 개혁이 필요하지만 정책을 도입하기에 앞서 대중을 설득하고 그 지지를 바탕으로 의회에서 합의를 이끌 필요성이 더욱 절실했다.

"인민의 가정(Folkhemmet)"으로서의 사회

한손은 총선에 앞서 1928년 스웨덴 하원(Riksdag) 연설에서 후세에 널리 알려진 "인민의 가정(folkhemmet, (영)people's home)"으로서의 사회적 이상에 대해 연설했다.[26]

"가정의 기초는 공동체성과 공감이다. 좋은 가정에서는 누구도 특별히 대우받거나 홀대받지 않는다. 편애 받는 아이도 차별받는 아이도 없다. 누구도 다른 사람을 업신여기지 않고, 다른 사람의 희생으로 이익을 얻으려 하지 않으며 강자가 약자를 억누르거나 약탈하지 않는다. 좋은 가정에서는 평등, 배려, 협력, 도움이 만연하다. 이를 적용해 (사회를) 거대한 인민과 시민의 가정이라고 한다면 이는 곧 특권층과 소외층, 지배자와 피지배자, 부자와 가난한자, 과잉과 결핍, 수탈자와 피수탈자를 나누는 모든 사회·경제적 장벽들을 무너뜨리는 것을 의미한다."

(Tilton 1990, 127에서 재인용)

---

26 스웨덴어 "folkhem 혹은 folkhemmet"은 한국어로 "국민의 집"(홍기빈 2011)으로 소개되고 있는데 원래 스웨덴어 "folk"(영어로 people)는 "국민"보다는 "인민"이라는 번역이 보다 적합하다. "hem 혹은 hemmet"(영어로 home, house) 역시 '집'이라는 구체적 형상보다는 '가정'이라는 추상 개념이 보다 적합해 국내에는 필자에 따라 "인민의 집", "국민의 가정", "인민의 가정(신정완 2011)" 등으로 번역되고 있다. 여기서는 원어에 내포된 의미를 반영하여 "인민의 가정"으로 표기했다.

한손이 묘사한 "인민의 가정"으로서의 사회는 스웨덴 사회가 아직 좋은 시민들의 가정이 되지 못하고 있다는 점을 비판적으로 지적한 것이다. 정치적 평등은 보장되었지만 사회적으로 계급사회가 여전히 온존하고 있으며 경제적 독재가 유지되고 있다고 보았다. 1928년의 연설 뒷부분에서 한손은 사회·경제적 영역으로의 민주주의의 확대를 역설한다. 폭력적 혁명을 통해서가 아니라 어디까지나 일상적 필요에 상응하는 정책적 프로그램을 통해서 자본주의가 도덕적으로나 실증적으로 사회주의로 전환될 수 있다고 믿었다는 점에서 그는 분명 사회민주주의자였다. 가난한 노동자의 아들로 태어나 최고 권력자의 지위에 오른 한손은 자기 운명을 개척하는 인민의 힘을 믿었다.

> "나는 이미 정치적 민주주의 안에서 경제적 과점 또한 없어져야 한다고 지적해왔다. 종국에는 정치적으로 성숙한 인민들이 생활필수품 생산뿐 아니라 그들의 복지의 유지와 향상을 위해 가장 중요한 (생산) 수단이 오직 자신의 이윤 추구를 위해 생산과 일반 이익에 대한 고려를 뒷전으로 밀쳐두는 소수 자본가의 손에 있는 상황을 받아들이지 않을 것이다." (Tilton 1990, 128에서 재인용)

한손의 리더십 하에 1930년대 경제 위기에 직면한 스웨덴 사민당은 전통적 경제정책에서 벗어나 새로운 경제 위기 대응책을 제시했고 타 계급과의 연대적 선거연합을 통해 전환기를 맞게 된다.

대공황과의 적록 동맹: 원칙 있는 실용주의와 통합의 리더십

앞서 언급한 바와 같이 1920년대에 걸쳐 스웨덴에서 줄지 않는 실업이 사회적 문제였다. 제1차 세계대전에서 직접적인 전쟁피해를 입지 않은 스웨덴은 1920년대 볼 베어링 등의 수출로 경제호황을 누렸지만 대공황의 여파로 실업이 더욱 증가해 노동자들의 불만이 높아졌다. 1925년부터 1929년 사이 실업률 평균은 11.2%였는데 경제 위기로 점점 늘어난 실업률은 1933년에는 23.7%에 달했나(Mitchell 1975; UN 통계 참조, 필자 산정). 이와 더불어 노동쟁의 발생건수와 노동손실일수도 서유럽 국가와 비교했을 때에도 높은 수준이었다.

대공황을 계기로 사민당 내에서는 위기에 상응하는 정책에 대한 논쟁이 일었다. 1930년대 유럽의 사회민주주의 정당들은 과거와 마찬가지로 자본주의 경제 위기를 맞아 적극적인 국유화 정책을 통해 사회화를 이끌거나 전통적 자유주의 경제정책을 처방했다. 하지만 스웨덴 사민당은 당시로서는 획기적인 경제 정책적 대안을 채택했다. 비그포르스는 당시의 경제 위기가 일시적인 것이 아니라고 진단하고 정부가 실업과 경제침체에 대한 대책으로 대규모 공공근로사업을 전개하여 고용에 앞서고 폭락한 농산물 가격을 지지하는데 앞장서야 한다고 주장했다. 멀기만 한 사회화 전략보다는 국민 다수가 실질적으로 필요로 하는 정책을 실시해야 한다고 생각하고 있었던 한손은 이를 적극 지지했다. 하지만 위기 시에 정부 재정을 확대하자는 정책안에 보수당과 자유당은 반대했고 사민당 내에서도 급진파들은 여전히 사회화를 주장했다.

1932년 총선을 앞두고 개최된 당 대회에서 새로운 실업 프로그램이 포함된 경기 부양책이 근소한 차이로 지지를 받게 되었고 선거 캠페인 과정에서 사민당은 이 정책이 노동자계급뿐 아니라 모든 스웨덴 국민을 위한 정책이라고 지지를 호소했다. 사민당의 선거공약은 공산주의자로 비난받았던 사회화나 보수적 경제학에 근거한 경제정책이었던 인기 없는 긴축정책이 아니라 정부가 돈을 풀어 고용을 창출하고 소비 확대를 통해 경기를 부양하여 투자를 촉진한다는 것이었다. 사민당은 캠페인을 통해 당면한 경제적 어려움을 해결해 줄 수 있다고 설득했고 장기적 실업에 시달리던 다수의 스웨덴 국민들은 사민당에 투표했다. 선거결과 사민당은 41.7%를 득표해 1928년 떨어졌던 선거 지지율을 회복했다.

한손은 1928년 사민당의 구체적 경제 프로그램이 없다는 고민을 토로했던 것과는 정반대로 1932년 선거 캠페인에서는 소극적 결정주의에서 벗어나 적극적 정책 프로그램을 갖추게 되었다는 자신감을 표출했다.

"지속적인 발전 과정으로서 개혁 활동인 사회민주주의적 관점은 모든 것이 저절로 이루어질 것이며 우리가 할 일은 새로운 질서의 도래를 천명하는 것뿐이라는 환상적 믿음에 기대지 않는다. 현 경제 위기 상황에서 사회민주주의자의 최우선 과제는 자기 잘못이 아닌데도 경제 위기의 결과로 고통받아온 시민들에게 즉각적이고 효과적인 도움을 제공하기 위해 자신들의 에너지를 모두 쏟는 것이다."(Lewin 1985, 139에서 재인용)

1930년대 초 경제정책 아이디어의 전환은 사민당 정책의 중요한 전환점이 되었다. 비그포르스와 미르달의 "계획(planhushållning)" 아이디어는 사회주의적 국유화가 포함되지 않은 경제계획으로 경제 위기시 국가의 적극적인 개입의 필요성을 정당화했다. 지금이야 그다지 새로울 것이 없는 정책이지만 당시로서는 획기적인 좌파 경제정책이었다. 사민당의 경제정책은 케인즈주의가 영미권에서 널리 알려지고 수용되기 전에 케인즈주의적 반경기순환 아이디어인 '공적 자금 투입,' '고용 확대,' '고용의 소비촉진 효과' 등의 정책 아이디어를 정책화했다는 뜻에서 후대 경제학자들에 의해 원케인즈주의(proto-Keynsianism)로 개념화된 바 있다. 위어와 스카치폴은 케인즈주의의 정책화는 영국도 미국도 아닌 1930년대 스웨덴에서 처음 달성되었는데, 당시 경제학자들의 아이디어가 이후 이른바 "사회적 케인즈주의"에 결정적으로 영향을 미쳤다(Weir and Skocpol 1985, 109-117)고 설명한 바 있다. 혹은 엄밀한 의미에서 전후 케인즈주의적 정책수단과 일치하지는 않더라도 케인즈주의의 기본 아이디어인 공공재정 지출 확대와 국가의 적극적 개입을 스웨덴 사민당이 받아들인 것이라고 보는 시각도 있다. 아이디어 발생과 확산의 방향이 더욱 중요했던 이유는 스웨덴 사민당이 적절한 시기에 새로운 대안적 경제정책을 제시할 수 있었기 때문이다.

전통적 경제 위기 대응책을 넘어서는 대안적 정책 아이디어를 통해 스웨덴 사민당은 사회주의적 목표를 훼손하지 않고 노동자계급의 지지를 유지하면서도 다른 계급과 연대할 수 있는 경제적 대안을 제시할 수 있었다. 1930년대는 스웨덴 사민당의 "원칙 있는 실용주의(Principled Pragmatism)"(Heclo and Madsen 1951)가 본격화된 시점이라고 할 수 있다. 또한 1920년대 내내 소수정부로서 부르주아 정당의 협력을 얻기 어려웠던 사민당으로서는 정책연합을 형성할 수 있는 기회구조가 열린 것과 마찬가지였다. 당시의 정책적 혁신이 중요했던 또 하나의 이유는 독일 사민당처럼 나치의 국가주의적 선동에 무력하게 패배하는 위험을 피하고 민주주의적 방식으로 국민을 통합할 수 있었기 때문이었다. 유럽을 뒤흔든 파시즘의 위협에도 한손은 다음과 같은 연설을 통해 민주주의의 중요성을 다시 한 번 강조했다.

> "민주주의는 평등에 기초한 사회적 공존의 한 형태이다
> …… 이는 인간이 문명화되고 자유로운 존재로서 삶을 영위할
> 수 있는 유일한 형태이다."(Lewin 1985, 129에서 재인용)

1932년 총선에서 농민당과 선거연합(양당의 상징 색을 따서 "적록 동맹"이라 지칭)을 통해 집권한 후 스웨덴 사민당은 또다시 전례에서 벗어난 시도를 했다. 1933년 사민당과 농민당은 이른바 "암소 교역(ko-handeln)"으로 알려진 정책적 타협을 했다. 스웨덴어로 "kohandeln"은 원칙을 벗어난 정치적 타결을 의미하는 것으로 원래 상호대립적일 수밖에 없는 도시 노동자와 농촌의 농민이 이익 교환에 의해 전격적으로 정책적 타협을 했기 때문에 붙여진 명칭이다. 농민에게는 농산물 가격 보호를 약속하고 도시 노동자가 높은 농산물 가격을 감내하는 대신 정부가 고용과 노동자 보호(실업보험, 노동 조직권)를 확

대하는데 양자가 합의한 것이다. 이전까지 보수당의 연합세력이었던 농민당이 사민당에 전격적으로 협력함으로써 사민당은 노동자계급의 이익만을 독점적으로 방어하는 계급정당의 이미지에서 벗어나 국민정당으로 성장할 수 있는 가능성을 실제화 했다.

사민당의 정책적 전환과 농민당과의 정책연합은 실업과 경제 위기로 노사갈등이 증폭되고 있던 스웨덴 노동시장 조직들에게 영향을 미쳤다. 특히 사민당의 변화는 스웨덴 사용자조직이 정치적 전략을 결정하는 중요한 계기가 되었다. 1930년대에 집어들어 스웨덴 사용자연합(SAF)은 자본의 이익을 정치적으로 반영하기 위해 어떤 전략을 선택할 것인지 내부 논쟁 중이었다. 쇤데룬드(G. Sönderlund)를 중심으로 한 타협파는 정부위원회에 참여하여 정책적 영향력을 행사하는 것을 선호했고 최고경영인클럽(Direktörsklubben)은 라디오를 이용한 여론 형성 등 정치적 참여를 통해 기업의 경제적 중요성을 홍보하고 이익을 관철하자고 주장했다(Pontusson 1992, 45). 하지만 사민당이 농민당과 연립정부를 구성함으로써 안정적 다수를 확보하는 것을 확인한 사용자연합(SAF)은 정부에 협력하기로 결정했다. 또한 정부가 법을 통해 노동시장의 중요 결정에 영향을 미치는 것을 두려워한 사용자연합(SAF)은 전국적인 노조조직으로 성장한 노동자총연맹(LO)과 1938년 살트쉐바덴(Saltsöbaden)에서 협약을 맺어 노사분규를 해결하는 절차를 만들고 노사 중앙조직이 자율적으로 문제를 해결하는데 합의했다.

살트쉐바덴 대타협 이후 노사분규는 현격히 줄어들어 스웨덴은 노사분규가 최고 수준인 국가에서 가장 낮은 국가로 변화하게 되었다. 1919년부터 1938년 사이 노사분규로 인한 노동 손실일수가 1,440,000일이었던데 비해 1946년부터 1970년 사이 노사분규로 인한 노동 손실일수는 430일에 불과했다(장선화 2011, 71).

　1930년대 국가 주도적 경기부양 정책의 성공과 정치 전략의 변화로 스웨덴 사민당은 사회주의적 노동자계급정당에서 모든 국민들에게 실질적 혜택을 줄 수 있는 국민정당으로 인식되기 시작했다. 1928년 총선에서는 크게 영향력을 미치지 못했던 한손의 "인민의 가정" 은유는 스웨덴 사민당과 스웨덴 복지국가를 대표하는 상징으로 이후에 널리 회자된다. 1930년대의 정책 타협으로 제2차 세계대전의 발발이후 사민당은 부르주아 정당과 대연정을 수립하고 이를 안정적으로 이끌었다. 페르 알빈 한손은 1932년 함린(F. Hamrin)이 이끌던 선거 관리내각 직후 치러진 총선에서 사민당과 농민당 연립정부 총리를 역임했고 1936년~1938년과 1939~1944년 사민당-보

❖ 1939년 12월 13일 스톡홀름 왕궁 앞. 한손의 세번째 연립내각(공산당과 사회주의자당을 제외한 대연정). 왼쪽에서 9번째가 한손 총리, 10번째가 비그포르스.

수당-농민당-자유당 거국 내각, 1945~1946년 사민당 소수 내각을 이끌었다. 한손이 갑작스레 사망하자 타게 에르란데르(T. Erlander)가 뒤를 이어 총리가 되었으며 "강한 사회"의 기치 하에 복지정책을 보다 확대했다. 이로부터 스웨덴 사민당은 약 44년 간 장기 집권의 발판을 마련하게 되었다.

제2차 세계대전, 중립노선과 전후 프로그램

1939년 제2차 세계대전이 시작되자 사민당을 중심으로 보수당과 농민당, 자유당이 거국 내각을 형성했다. 공산당은 연립정부에서 배제되었다. 연립정부는 임금과 물가를 통제하고 일부 소비재에 대한 배급 정책을 도입했다. 독소 전쟁 발발로 스웨덴의 지정학적 위치는 매우 불안정했다. 핀란드가 독일 편에서 참전하면 핀란드를 지원하는 스웨덴으로서는 독일에 맞서 싸우기 어려운 상황이었다.

한손은 소련의 핀란드 침공에 맞서 전쟁에 개입해야 한다는 보수 세력 및 군부 일파와 당내 온정주의적 주장을 잠재우고 개입하지 않는다는 원칙을 유지했다. 하지만 완전한 중립과 불개입은 아니었다. 스웨덴은 핀란드에 1939년 한해 핀란드 정부 예산을 초과할 만큼 막대한 융자, 군수물자 및 필수품을 지원했다. 그뿐 아니라 1941년 6월 독일이 노르웨이에서 스웨덴을 거쳐 휴가 병력 및 물자 수송을 위해 철도를 이용하겠다고 요구하자 이를 수용했다. 당시 히틀러 독일의 요구에 대해 4개 정당으로 구성된 연립정부가 수용 여부를 고민한 이른바 "한여름의 위기(midsummer crisis)" 상황에서 보수당과 농민당, 스웨덴 외무부, 당시 국왕 구스타프 5세는 수용하기를 원했던 반면 사민당과 자유당은 의견이 엇갈렸다. 한손은 사민당과 자유당 일부의 반대에도 불구하고 나치와의 동맹을 피하고 스웨덴의 피해를 최소화하기 위해 당시 외무부 장관이었던 귄테르(Christian Günther)와 함께 독일의 요구를 받아들이기로 결정했다(Scott 2002, 371~3).

국내외적 비난에도 불구하고 한손은 정부와 사민당의 도덕적 상처보다 스웨덴 국민을 전쟁으로부터 안전하게 지키는 것이 보다 중요하다는 입장을 고수했다(신정완 2011, 65-67). 동시에 그는 당시 사민당 내에 제기되었던 거센 반대가 이후 독일에 협력했다는 이유로 쏟아질 비난에 직면할 경우 어쩔 수 없는 선택이었다고 자신과 사민당을 변명하기 위한 알리바이가 될 수 있을 것이라 기대할 만큼 이미 노회한 정치인이기도 했다.

1943년 독일의 스탈린그라드 전투 패배 이후 승기를 잡은 연합국이 독일군 열차 운행을 중단해달라는 요구 또한 받아들인 데에서도 나타나듯이 제2차 세계대전 당시 스웨덴의 중립노선은 철저한 외교적 중립이라고 보기 어려운 생존전략이었다. 이러한 사민당 정부의 자국민 우선적 태도는 양차 세계대전에 걸쳐 중립노선을 지켰던 스웨덴이 국제사회에서 정치·경제·사회적 번영과 안정으로 높이 평가받는 동시에 좌우 진영으로부터 이기적인 국가로 평가받은 이유이기도 했다.

한손의 인민 중심적 사회민주주의는 정당의 기본적 목표와 방향이 담긴 강령의 수정에서도 드러난다. 1944년 총선을 앞둔 사민당 강령 수정 위원회에서 비그포르스는 경제계획이 소유권의 사회화 없이 가능하다고 주장했다. 즉, 국유화 없이도 경제에 대한 국가 개입을 통해 생산 소유권 통제가 가능하다는 주장이었다. 당내 급진파의 반대에도 불구하고 한손과 당 지도부는 이를 지지했다. 수정된 강령에는 '착취' 개념이 사라졌고, "계급투쟁"이 "모든 인민에게 생산에 대한 결정권을 넘겨준다," "자본을 소유한 소수에 의존하는 것으로부터 다수의 자유" 등의 문구로 대체되었다(Bergstöm 1992, 148-149). 하지만 1945년 사민당과 노동조합총연맹(LO)은 전후 경제 위기를 예상하고 "노동운동의 전후 강령"이라는 개입주의적 국유화 프로그램을 도입하려 했고 부르주아 정당들과 자본은 이례적으로 "계획경제 반대(Planhushållningsmotsåndet)" 피켓을 들고 시위를 벌였다. 결과적으로 예상과는 달리 세계경제가 장기 호황에 들어서면서 사민당은 전시 경제 규제 조치들을 해제하고 개입주의적 정책 프로그램들을 도입하지 않았다(장선화 2011, 128; 신정완 2007, 239-242).

1946년 10월 한손은 스웨덴을 방문한 노르웨이 사절단과의 회동 이후 수행원 없이 전차로 귀가하던 중 갑작스런 심장마비로 사망했다. 평소에도 한손은 전차를 자주 이용했고 당일도 늦은 귀갓길을 염려하여 자동차로 귀가하자는 권유를 만류했던 것으로 알려졌다. 사환에서 총리로, 세대와 계층을 아울러 존경받던 한손의 사망에 스웨덴 국민들은 큰 충격을 받고 애도했다. 정치 인생을 걸쳐 전체 인민(folk)과 민주주의를 핵심적 가치로 강조했던 한손이 죽기 전 남긴 연설 가운데 사민당의 경제정책에 대한 기업들의 비판에 대한 언

○ 12번 트램(tram)에서 내리는 한손, 서스톡홀름 알빅(Alvik). 한손은 총리 재임 시에도 대중교통을 자주 이용했다.

급은 여전히 상징적이다. "인민의 복지가 거대 금융의 이익에 우선한다."

한손의 리더십: 조정과 타협의 리더십

스웨덴인들로부터 사민당을 대표하는 정치인으로 인기를 얻으며

○ 한손의 가족묘, 스톡홀름 북부공동묘지 188번 묘석(Norra-begravingsplatsen).

1932년 이후 오래도록 총리직에 머물렀던 한손은 외부 시각으로는 비그포르스라는 걸출한 전략가에 의해 내세워진 인물이라는 평가가 지배적이었다. 국내외 학계의 1930년대 스웨덴 경제정책에 대한 연구들이 비그포르스(Ernest Wigforss), 사회정책 면에서 뮈르달(Gunnar Myrdal) 등에 주목하는 반면 한손에 대해서는 크게 비중을 두지 않는 이유이다. 비그포르스는 당의 선거 전략과 주요 정책을 수립했지만 한손과 당권 및 총리직을 두고 경쟁하지 않았으며 오히려 적극적으로 한손을 당의 리더로 추천한 장본인이기도 하다. 1920년대 브란팅 내각에서 산업민주주의 위원회 위원장, 재무부 장관 등을 역임하면서 노동자 경영참여, 급진적 상속세 등을 제안했다가 보수 및 자유주의 정당뿐 아니라 중산층 이상 계층에서 쏟아지는 비난과 반대에 부딪힌 경험이 있었던 비그포르스는 이상적 정책의 실현을 위해서는 포용적이고 대중 친화적인 리더십이 필요하다고 생각했다. 이론으로 무장한 지식인이 아닌 반대 세력을 설득하고 유권자들에게 친근하게 다가설 수 있는 인물이 필요했고 한손은 이에 적합한 인물이었다.

한손은 리더십은 당내외의 갈등을 조정하고 통합할 수 있었다는 점에서 당시의 시대적 상황에 매우 적합했다. 1900년대 초 탈당했던 급진파가 복당한 이후 이들이 당내에서 비판적 입장을 유지하면서도 당론을 따르도록 규제함으로써 당내 온건파와 급진파 사이의 갈등을 조정했다. 무엇보다 스웨덴 국민들에게 직접적 호소를 통해 사회적 비전을 제시했으며 결과적으로 보수 및 자유주의 정치세력의 협력을 이끌어낼 수 있었다. 이러한 통합의 리더십은 비그포르스가 급진적 정책으로 당내의 온건파와 스웨덴 보수 및 자유주의 정치세력과 갈등을 빚었던 것과 대비된다. 실제로 비그포르스는 한손의 "인민의 가정" 슬로건을 보수적 가부장제의 느낌이 난다는 이유로 입에 올리고 싶어 하지 않았다고 한다.

10대에 사민당에 입당하여 청년조직을 거쳐 정당 지도자로 성장한 1세대 직업 정치인으로서 한손은 브란팅의 후계자로서 당내의 갈등을 조정하면서 비그포르스와 뮈르달의 정책적 제안을 전폭적으로 수용하였고 사민당의 정책적 혁신을 이끄는 동안 사민당을 국민정당으로 성장시켰다.

초기 사민당 내에 이데올로기적 갈등이 존재했지만 리더십 간의 권력투쟁은 비교적 적게 나타났다. 정당 리더십의 세대교체는 당내에서 성장한 젊은 지도자 그룹으로 점진적으로 진행되었다. 1885년

부터 1925년까지 얄마르 브란팅(Hjalmar Branting)이 스웨덴 사민당의
형성기를 이끌었고 브란팅 사망 후 1925년부터 1946년까지 한손
(Per Albin Hansson)이 스웨덴 사민당 주도 하에 복지국가 성장기, 그
리고 1946년부터 1969년까지 타게 에르란데르(Tage Erlander)가 전성
기, 이후 1986년까지 올로프 팔메(Olof Palme)가 완성기를 이끌었다.
대공황과 제2차 세계대전, 경제 위기 등 국제적 격변에도 불구하고
당내에 리더십을 둘러싼 큰 분쟁과 격변 없이 세대교체가 진행되었
고 안정적 리더십 하에 스웨덴 사민당은 스웨덴의 정치사회를 대표
하는 정당이자 제도 생성자로서 면모를 굳건히 했다.

'지속적 운동'으로서의 사회민주주의, 가능성과 한계

스웨덴 사민당의 사회민주주의적 아이디어 속에서 사회주의는
역사적 유물론에서 연역한 논리적 귀결이 아니라 철저한 현실 분석
에 근거한 목표 설정과 그의 실천으로 달성할 수 있는 이상이었다.
산업화와 자본주의적 경제발전으로 사회주의 혁명의 계기가 만들어
지지 않는다면 남는 것은 노동자계급 운동이다. 따라서 스웨덴의 사
회민주주의자들은 사회민주주의를 이상을 실현하기 위한 부단한 운
동으로 정의한다. 스웨덴 사민당의 정책적 혁신과 계급 타협적 아이
디어를 "인민의 가정"으로 형상화한 한손의 이상적 사회 이미지는
사회주의적 평등을 강조하되 가부장적인 가정의 안정적 질서를 국
가와 등치시킨 경향이 있다. 한손의 뒤를 이어 총리가 된 에르란데르

는 "강한 사회" 슬로건 하에 스웨덴의 보편적 복지국가를 완성시켰지만 팔메 시기 경제민주화 완성을 위해 자본주의적 소유권을 이전시키고자 했던 급진적 임노동자 기금은 부르주아 세력의 강한 반대로 와해되었다. 스웨덴 사민주의를 긍정적 관점에서 "원칙 있는 실용주의(Principled Pragmatism)"(Heclo and Madsen 1951), 혹은 "실증적 기회주의(Empirical Opportunism)"(Strath 1996)로 평가하는 근저에는 사민주의가 갖는 평등 사회의 지향과 자본주의 내 개혁의 한계라는 이중적이고 타협적 속성에 대한 인정이 불가피하게 깔려있다.

사회민주주의를 정당화하는 "지속적 운동"의 방향은 어디인가? 그를 설정하는 명확한 사회적 상이 불분명한 것도 사실이다. 또한 자본주의적 사회의 근본 문제를 계급 갈등과 분리해서 사고할 때, 그리고 사민주의 운동을 계급투쟁과 별도로 정의할 때 본질적으로 사회민주주의가 추구하는 이상은 모호해질 수밖에 없다. 홍기빈(2011)은 독일 사민당 베른슈타인의 수정주의와 스웨덴 사민당 비그포르스의 사회민주주의는 둘 다 사회민주주의를 "끊임없는 운동"으로 정의하지만, 비그포르스는 자본주의 체제의 기본적 현실을 계급투쟁으로 규정하면서 사민주의적 이상은 노동자계급의 삶의 현실 속에서 실천을 통해 만들어진다는 점에서 근본적 차이가 있다고 보고 그 이상을 "잠정적 유토피아"로 정의했다. 한손 역시 사회민주주의를 지속적 발전과정 속의 개혁 활동으로 보았지만 브란팅의 유산 하에서 자본주의 체제 내에서 수탈과 고통을 받는 인민의 범주를 중간계급으로까지 확대함으로써 생산 소유권자로서의 부르주아와 차별하여 경제적 영역까지 평등주의적 사회를 꿈꾸었다.

하지만 "잠정적 유토피아"는 결코 유토피아가 될 수 없다는 점에서 스웨덴 사민주의적 복지국가의 한계는 명확하다. 인간 집단은 외부의 힘이 작용하지 않으면 계속 그 상태로 운동하려고 하는 물체가 아니며 다른 주체의 운동을 보고 방향을 바꾸기도 하고 내부적 구성원의 변화에 따라 경로를 바꾸기도 한다. 즉, 관성의 법칙과는 달리 사회 집단은 외부적 영향 없이도 같은 방향으로 계속 운동하지 않는다. 인간 사회에서 목표 없는 운동은 그 동력을 지속적으로 유지하기 쉽지 않은 것이다. 여기에 외부의 충격까지 가해지면 집단적 운동은 더욱 방향을 잃기 쉽다.

스웨덴의 복지국가는 분명 잠정적 유토피아로서의 성공을 거두었다. 1930년대부터 1970년대 초까지 스웨덴 사민당 집권기간 동안 노동과 자본은 노동시장과 복지·산업정책 측면에서 계급 타협을 유지했으며 의회 내 좌파와 우파가 협력했다. 그리고 적어도 1970년대 초까지 경제성장과 완전고용을 통해 사회적 평등과 높은 수준의 노동 탈 상품화가 가능했다. 하지만 오일쇼크와 경제침체, 그리고 새로운 제3의 길의 실패로 스웨덴 사민주의 운동은 둔화되기 시작했다. 스웨덴의 계급갈등은 상속세 도입, 국유화 프로그램, 임노동자 기금 등 소유권과 관련된 정책이 발표될 때 격화되었다. 보수당 및 자유주의 정당들과 사용자조직들은 스웨덴 사민주의가 자본주의 시장경제의 기본 원칙을 넘어서려고 할 때 이전까지의 타협적인 태도를 버리고 이례적으로 적극적인 반대 운동을 전개했고, 중간계층 유권자들 역시 급진적 체제 전환 시도에 적극적인 동의를 표현하지 않았다.

임노동자 기금의 와해가 증명하듯이 원래 스웨덴 사회민주주의가 궁극적으로 지향한 점진적인 사적 소유권 철폐, 즉, 자본주의 체제를 구성하는 핵심적 요소들을 조금씩 해체하여 종국엔 사적 소유권까지 사회적으로 전환시켜 "벌거벗은 임금님"의 형상으로 체제를 전환시키려는 시도는 실패했다.

이처럼 스웨덴 사민당의 사회민주주의 역시 결과적으로 자본주의 체제에 대한 도전이라기보다는 타협이었다. 1930년대의 정책 혁신과 계급 타협에 기반을 두었고, 1950년대 사민당의 또 다른 정책적 혁신이었던 렌마이드너 모델이 성공적으로 작동하는 가운데에서도 경제성장과 기업합리화 과정에서 경제 집중화 현상이 가속화되었다. 1960년대에 걸쳐 스웨덴 내 기업합병 수는 4배 증가했으며,[27] 1970년대에는 상위 4개 기업이 산업 생산성의 70%를 차지하는 등 (Scott 1977, 519) 자본주의적 부의 집중이 동시에 진행되었던 것이다.

1970년대 경제 위기와 실업 증가 이후 사민당의 정책적 혁신은 둔화되기 시작했다. 1980년대 제3의 길의 실패 이후 1990년대와 2000년대 사민당은 여전히 의회 내 최다 득표 정당이자 2014년 현재 정부를 이끌고 있는 거대 정당이지만 1930년대 한손이 주장했던 "인민의 가정"과 같은 사회적 이미지를 독점하는 정당이 아니다. 1990년대부터 보수당을 위시한 부르주아 정당들 역시 모방과 혁신을 통해 스웨덴 복지국가를 유지할 수 있는 정당으로서 실업대책과 복지를 강조한다. 사민당이 좌파당과 녹색당에 의지해 선거에 나서는 동안 부르주아 정당들은 보다 강화된 선거연합을 구축하고 있다. "끊임없는 운동"으로서의 자기 정의를 통해 사회민주주의는 지속적 정책 혁신과 정치 전략의 개발 없이는 존재를 증명할 수 없는 태생적 한계를 안고 있다.

20세기와 같은 전 세계적인 정치·경제적 위기가 아니라 경제 위기와 실업, 사회적 위협이 항상 존재하고 있는 현대 사회에서 과거 사민주의 정당들의 경기부양 정책 처방은 이미 정통(Orthodox)적 정책이 되어가고 있다. 어쩌면 지금의 상황은 비그포르스와 같은 정책 혁신가와 이를 활용하고 의회에서의 반대를 포용하고 설득하며 국민적 지지를 동원할 수 있는 한손과 같은 통합적 리더십이 또다시 필요한 시점일 것이다.

위기, 아이디어, 리더십… 그리고 한국

시대적 위기에는 사회적 갈등이 고조되기 마련이다. 갈등의 양상이 복합적이고 갈등 주체가 다양할수록 위기 극복을 위한 해법은 하나로 모아지기 어렵다. 정치권력자들은 이러한 상황에서 갈등 주체의 어느 한 편에서 다른 편을 진압함으로써 문제를 해결하려는 유혹에 흔히 빠져든다. 어느 시대이건 사회적 지위와 부, 정치권력은 소수에게 집중되어 있고 따라서 다수가 소수에 의해 진압되는 양상이 반복되었다. 민주주의가 다른 정체와 다른 특징이 있다면 민주적 절차에 의해 정치권력이 결정되고 다수에 의한 지배를 가능하게 했

---

27 1959년 기업합병 수는 70건이었던데 비해 1970년에는 340건이었다(Scott 1977).

다는 점이다.

하지만 다수에 의한 소수의 배제는 민주주의의 약점이기도 하다. 배제된 소수는 사회적 약자임과 동시에 법과 사회적 질서를 위협할 수 있는 잠재적 위험집단이다. 따라서 민주주의는 사회 질서유지와 발전을 위해 배제된 소수를 포용할 수 있는 제도적 장치를 만드는데 주력해왔다. 사실 현대 대의 민주주의 정치체제의 안정은 기존 질서에 불만을 가지거나 다른 질서를 옹호하는 소수를 제도적 테두리 내에 머무르게 하는데 성공 하는가 그렇지 않은가에 달려있다고 해도 과언이 아니다. 하지만 위기의 상황에서 정책결정자들은 빠른 정치적 판단과 정책 결정의 필요성에 직면한다. 정책적 효율성은 비용 대비 효과가 크다는 점을 전제로 하기 때문에 과정보다는 결과가 중시된다.

"빨리, 빨리!"를 통해 산업화와 경제성장을 달성한 한국의 경우 정치적으로도 신속한 문제 해결과 눈에 보이는 즉각적 성과를 선호한다. 문제는 급격한 성장과정에서 한국의 국가체제는 권력을 독점한 다수가 문제 해결 집단으로 인정되고 전체적 안정을 위해 소수가 이를 묵인하거나 따를 것을 강요하는 방향으로 자리 잡았다는 것이다. 민주화 이전의 정치적 리더십은 말할 것도 없고 이후의 리더십에서도 정치적 반대세력이나 소수를 협의 대상으로 인정하고 합의를 이끌어내는 통합적 형태를 찾아보기 어렵다. 최고 통수권자의 불통정치, 여·야간 극한 대립, 정당 내 파벌 싸움 등으로 국민들의 정당과 국회에 대한 불만과 불신이 팽배해 있다.

통합적 리더십의 부재가 더욱 아쉬운 한국의 현실에서 사민당의 성장뿐 아니라 스웨덴 복지국가의 초석을 다진 한손의 리더십은 시사하는 바는 적지 않다. 제도주의자로서 필자는 스웨덴의 계급 타협적 제도 형성과 변화 과정에 대해 주목해왔으나 상대적으로 리더십과 정책 전략가에 대한 관심은 적은 편이었다. 하지만 위기 상황에서 일국의 주요 행위자들이 어떠한 결정을 내리는 가에 따라 장기적으로 국가 시스템과 제도, 그리고 사회 구성원 전체에 큰 영향을 미친다는 데에 점차 관심을 갖게 되었다.

스웨덴 사회민주주의 복지국가 형성 과정에서 급진적 사회개혁이 가능했던 이유로 틸튼(Tim Tilton 1990)은 스웨덴 사민당의 개혁 정치적 아이디어와 사회민주주의 이념의 역할에 주목했다. 스웨덴 사민당의 개혁주의적 아이디어는 무엇보다 당이 전략적으로 정치적 계산을 하도록 이끌었다. 스웨덴 사민주의를 사회주의적 목적을 갖는 "운동"으로 정의하여 도달하고자 하는 이상에 앞서 물질적 당면 실천과제를 제시했고, 부르주아 정당을 반동주의자로 매도하기보다는 연합 파트너로 인정했으며 당내 급진파와 반대 세력을 힘으로 눌러 진압하기보다는 포용했다. 농민과 노동자의 이익이 제로섬(zero sum)이 아니라 포지티브섬(positive sum)이 될 수 있음을 설득했다. 노동자에게 실업연금을 지급하는 것, 농산물 가격을 보전하고 생산을 지원하는 것이 국가 전체 경제 차원에서 이익이며 곧 양자에게 있어서 비용이 아니라 이익이 된다는 점을 확신한 것이다. 노동자 중심의 계급투쟁보다는 "자본가 독재(capitalist dictatorship)로부터 인민의 해방을 위한 투쟁"이 필요한 시점이라고 판단했다. 또한 이는 스웨덴이 경제 위기와 전쟁 위기를 극복해가는 과정에서 스웨덴 국민 공통의 이익이라는 관점을 제공하고 안정적 환경 하에게 단기적 이익을 추구하는데 급급하지 않고 장기적 이익을 얻을 수 있다는 점에 합의하도록 할 수 있었기 때문이다. 이로써 스웨덴의 중간계급은 독일과는 달리 나치즘과 같은 전체주의가 아닌 대안을 찾을 수 있었다.

한손의 "인민의 가정"은 스웨덴 사민당이 제시하는 이상적 사회를 상징한다. 이후 스웨덴 사민당은 집권 기간 동안 경제적 성장과 정치사회적 안정을 보증함으로써 자본주의와 자유방임 시장의 불안정성보다 사회민주주의적으로 조정된 사회 질서가 보다 낫다는 믿음을 노동자계급뿐 아니라 전 국민에게 줄 수 있었다. 보다 근본적으로 인간이라면 누구나 겪는 생로병사가 단지 개인의 문제가 아니라 사회 전체의 문제이며 잘 조직된 사회가 이를 해결할 수 있다는 믿음이 이후 보편적 복지국가를 형성하는데 필수적인 국가와 사회 구성원 간의 신뢰를 만들었다.

민주주의와 사회개혁의 프로젝트가 단기적이 아닌 장기적이며 점진적 과정임을 감안할 때 국가-사회 간 신뢰관계의 형성은 매우 중요하다. 또한 위기의 상황에서 조직을 이끌고 새로운 대안적 정책을 제시하기 위해서는 대중의 눈높이에서 현실 가능한 제안을 할 수 있는 소통하는 정치적 힘이 필요하다 하겠다. 위기와 이상적 정책 실현의 필수 조건은 국민의 동의와 반대 세력에 대한 포용이며 이를 위해서 필요한 것은 조정과 통합의 리더십인 것이다.

✿ 연표

1885년 10월 28일 스웨덴 말뫼(Malmö) 출생.

1908년 스웨덴 사민당 청년조직 의장.

　　　　청년조직 기관지 《전진(*Fram*)》 편집장.

　　　　스웨덴 사민당 전국위원회 위원으로 선출.

1914년 스톡홀름 지구당 위원장 취임.

1917년 스웨덴하원(Riksdag) 의원 당선.

　　　　스웨덴 사민당 기관지 《사회민주주의자(*Social-Demokraten*)》 편집장.

1920년 스웨덴 사민당 첫 단독(소수) 정부 수립.

　　　　브란팅 내각 국방장관 역임.

1925년 브란팅(H. Branting) 사후 산들레르(R. Sandler)를 대신해 스웨덴 사민당 당수 역임.

1928년 스웨덴 사민당 당수 당선.

1932년 함린(F. Hamrin)의 선거 관리내각 하에 실시된 총선 결과 사민당-농민당 연립정부 총리 취임.

1936-1938년 사민당-보수당-농민당-자유당 연립정부 총리.

1939-1944년 사민당-보수당-농민당-자유당 연립정부 총리.

1945-1946년 사민당 소수 정부 총리.

1946년 10월 6일 노르웨이 정부 사절단과 회동 후 수행원 없이 전차로 귀가 중 심장마비로 사망.

❊ 참고문헌

신정완. "스웨덴의 초기 노동운동에 대한 새로운 인식, 1886–1911." 『한국 정치학회보』 28:2. 한국정치학회. 2007.

신정완. "페르 알빈 한손(Per Albin Hansson)의 정치노선과 리더십." 『스칸 디나비아 연구』 제12호. 2011.

장선화. 『스웨덴의 제도변화와 정책전환: 계급타협제도와 완전고용정책을 중심으로 1950~2010』. 이화여자대학교 정치외교학과 대학원 박사 학위논문. 2011.

홍기빈. 『비그포르스, 복지국가와 잠정적 유토피아』(서울: 책세상, 2011).

Bergström, Villy. "Party Program and Economic Policy: The Social Democrats in Government." Misgeld, Klaus, Karl Molin, and Klas Åmark eds. *Creating Social Democracy: A Century of the Social Democratic Labor Party in Sweden*. Pennsylvania: The Pennsylvania State University Press, 1988/1992.

Heclo, Hugh and Henrik Madsen. *Policy and Politics in Sweden: Principled Pragmatism*. Philadelphia: Temple University Press, 1987.

Lewin, Lief. *Ideology and Strategy: A Century of Swedish Politics*. Cambridge: Cambridge University Press, 1985.

Mitchell, B. R. *European Historical Statistics 1750–1975*. New York: Facts on File, 1975, 1978, 1980.

Pontusson, Jonas. "Introduction: Organizational and Political–Economic Perspectives on Union Politics." Golden, Miriam and Jonas Pontusson. eds., *Bargaining for Change: Union Politics in North America and Europe*. Ithaca and London: Cornell University Press, 1992.

Scott, Carl–Gustaf. *The Swedish Midsummer Crisis of 1941: The Crisis that*

Never Was. Journal of Contemporary History. 37: 3, 371-394, 2002.

Scott, Franklin D. *Sweden: The Nation's History*. Minneapolis: University of Minnesota Press, 1977.

Strath, Bo. *Organization of Labour Market: Modernity, Culture and Governance in Germany, Sweden, Britain and Japan*. Routledge, 1996.

Therborn, Gölan. "A Unique Chapter in the History of Democracy: The Social Democrats in Sweden." Misgeld, Klaus, Karl Molin, and Klas Åmark eds. *Creating Social Democracy: A Century of the Social Democratic Labor Party in Sweden*. Pennsylvania: The Pennsylvania State University Press.

Tilton, Tim. *The Political Theory of Swedish Social Democracy: Through the Welfare State to Socialism*. Oxford: Clarendon Press, 1990.

Tingsten, Herbert. *The Swedish Social Democrats: Their Ideology Development*. Bedminster Press, 1973.

Tsarouhas, Dimitris. *Social Democracy In Sweden: The Treat from A Globalized World*. London·New York: Tauris Academic Studies, 2008.

Weir, Margaret and Theda Skocpol. "State Structures and the Possibilities for "Keynesian" Responses to the Great Depression in Sweden, Britain, and the United States." Peter Evans, Dietrich Rueschemeyer and Theda Skocpol. eds., *Bring the State Back In*. Cambridge: Cambridge University Press, 1985.

✿ 저자 소개

안병억

영국 케임브리지대학교 국제정치학 박사

연합뉴스 YTN 기자(1991~2000)

대구대학교 국제관계학과 교수

저서: 『유럽연합의 이해와 전망』(높이깊이, 2014, 공저). 『미국과 유럽연합의 관계: 역사와 전망』(서울대출판문화원, 2014, 공저) 외 다수.

박상준

한국외국어대학교 국제관계학과 정치학 박사

한국외국어대학교 EU연구소 책임연구원 및 EU융합전공 초빙교수

저서: "유럽통화동맹의 탈정치화 전략에 대한 고찰", 『유럽연구』, 제32권 2호(2014) 외 다수.

안상욱

프랑스 파리 3대학교 유럽지역학과 경제학 박사

부경대학교 국제지역학부 부교수

저서: "프랑스 원자력 에너지 운영 및 에너지 정책의 연속성: 독일과의 비교," 『유럽연구』, 제31권 1호(2013) 외 다수.

장문석

서울대학교 서양사학과 문학박사

영남대학교 역사학과 교수

저서: 『민족주의 길들이기』(지식의 풍경, 2007), 『피아트와 파시즘』(지식의 풍경,

2009) 『자본주의 길들이기』(창비, 2016) 외 다수.

장선화

이화여자대학교 정치외교학과 정치학박사

연세대학교 국가관리연구원 연구교수

저서: "사회협약의 정치: 세계화시대 경제 위기와 집권 정당의 위기극복 전략(핀란드, 벨기에, 스페인, 아일랜드)," 『한국정당학회보』, 제13권 제2호(2014년) 외 다수.

유럽의 변혁적 리더들

발행일 1쇄 2016년 8월 10일
지은이 안병억 외
펴낸이 여국동

펴낸곳 도서출판 인간사랑
출판등록 1983. 1. 26. 제일 - 3호
주소 경기도 고양시 일산동구 백석로 108번길 60-5 2층
물류센타 경기도 고양시 일산동구 문원길 13-34(문봉동)
전화 031)901-8144(대표) | 031)907-2003(영업부)
팩스 031)905-5815
전자우편 igsr@naver.com
페이스북 http://www.facebook.com/igsrpub
블로그 http://blog.naver.com/igsr
인쇄 인성인쇄 **출력** 현대미디어 **종이** 세원지업사

ISBN 978-89-7418-350-9 93340

이 도서의 국립중앙도서관 출판시도서목록(CIP)은 서지정보유통지원시스템 홈페이지(http://seoji.nl.go.kr)와 국가자료공동목록시스템(http://www.nl.go.kr/kolisnet)에서 이용하실 수 있습니다.(CIP제어번호: CIP2016018020)